人はどこで
生を間違えるのか

加藤諦三

GS
幻冬舎新書
763

はしがき

大空を飛べる鳥はじつは自由ではない

よく我々は「羽を伸ばす」と言う。鳥を見ると鳥は自由だと思う。そして鳥を羨《うらや》ましがる。

しかし、鳥は生きるために飛ばなければならないということを我々は忘れている。飛ばなければならないから鳥は羽を伸ばす。地上にいる鳥を見て犬が追いかける。鳥は飛ぶ。その時に鳥は自由ではない。鳥も安全な巣に入りたいと思うだろう。

鷲が大空に羽を広げてゆっくりと飛んでいるように見える。そんな時にも陸の獲物を探している。人間で言えば、一所懸命働いているのかもしれない。人間が勝手に「自由に飛んでいる」と思っているだけであろう。

つまり、**自分が自由に空を飛びたいという願望を鷲に外化《がいか》したたけ**である。鷲そのものを見ているのではない。鷲を通して自分の願望を見ているだけである。これは、心理学的に「外化」という心理過程である。

私たち人間は世界を勝手に解釈して、勝手に世界を見ている。

鳥が人間を見たらどう思うか？「歩けて良いな」と思わないだろうか。人間が鳥に「鳥さん、羽があって良いですね」と言ったら鳥は何と言うだろうか。鳥は「何で私に『良いね』と言うのですか？」と言うのではないか。

人間は、「鳥は羽があって良いな」と思う。だから人間は生き方を間違える。

自分の持つものと他人の持つもの

亀は自分が硬い甲羅もあるし、長生きもできるし、水の中で生きることもできるのに、ウサギと陸で競走するから幸せになれない。

人間は自分の持っている「これ」をおいておいて「あれ」も欲しいと言う。なぜ自分は「これ」があるのに「あれ」も欲しがるのかと考えた時に自分が見えてくる。

自分が「毎日生きている意味」を感じていれば、「これ」があるのに「あれ」も欲し

いとは思わない。つまり、自分が実存的欲求不満であるということが見えてくる。

モグラは空を飛びたいとは思わない。モグラにとって空を飛ぶことは自由ではない。だからモグラは生き方を間違えない。

人間は色々な心理から生き方を間違える。中でもこの外化という心理は重大である。

２０２５年４月

加藤諦三

人はどこで人生を間違えるのか／目次

第5章　人はどこで人生を間違えるのか　127

DTP 美創

第1章 不満や不安を誰かのせいにする人たち

自分を認めることができない人は、
他人を認めることができない

——カレン・ホルナイ

認められない自分を認められない人

もっと認められたい。しかし、自分は期待した通りには認めてもらえない。認めてもらえなくて、自分が自分自身に不満である。

時には「認めてもらいたい」という欲求から「認めてもらわなければならない」という必要性にまでなる。

「認めてもらわなければならない」のに、認めてもらえなければ焦《あせ》る。思うようにならない自分を自分が憎む。

自分は、自分が望むほどの業績を上げられない人間である。しかし、そのことを認められない。自分はよく働く人間でない。なのにそのことを認められない。

自分は自分で事業を始められない。でもそれを認められない。そうなるとその証拠を出さなければならない。そこで「わがままな部下」とか「妻」とか「息子」とか「娘」とか、色々な原因を見つけなければならない。その時にその原因となる人たちに、自分の心の中のものを外化する。

自分の中のわがままな気持ちを自分の部下に外化して、部下がわがままだと言う。要するに、業績を上げられない自分を憎んでいるのだが、わがままな部下がいるから自分は業績を上げられないとなる。

まずは自分の失敗を認めるところから

自分の中に自分に対する敵意がある。それを相手に外化する。相手の心に敵意があると思う。事実は、相手はこちらに好意がある人かもしれない。しかし、そういう人を次第に敵にしていってしまう。

精神科医のカレン・ホルナイは、外化をすると他人が重要になりすぎると言う。[*1] なくてはならない人にしてしまう。

外化をした他人を恐れている、そして敵意を持っている。それにもかかわらず相手を必要としている。

つまり、多くの場合**「あいつさえいなければ」と思っているのは、自己憎悪の合理化**である。

望むようにことが運んでいない。イライラする。その原因は「あいつだ」と非難することで、自分の心のバランスを回復する。

要するに非難する他人がいなければ、心のバランスを回復できない。心のバランスを維持するためには、どうしても非難する他人が必要になる。

敵対しながらも、その人が必要である。

相手を敵視する。でもその人なしには自分のイライラを収められない。安心して生きられない。

外化する人々は、自分の失敗を認めず、他者がその困難の原因だと考え、激しく非難する。[*2]

順応活動ができなくなり胸騒ぎを適切な行為に切りかえることができなくなる。そこで動機と行動との間に「投射」の機制が介入する（投射については第2章で述べる）。事態を全部外在化する。自省を拒み、自分の心を全面的に外界のせいだと考える。自身内部の破壊的衝動に苦しむと、誰か他人の側にその衝動があるとみる。[*3]

このような態度は、親子関係においても見られる。自分の不幸を**子どもに責任転嫁し、子どもが勤勉でない、優秀でないから自分が不幸だ**と思う。自分の失敗や騙《だま》されたことを認めることができず、その原因を他者に押し付ける。

このような責任転嫁は、最終的に現実否認を引き起こし、次第に妄想の世界に入っていくことになる。**「人が自分を助けてくれないから私は幸せになれない」と言いながら、他人を憎んでいる。**自分自身に対して怒りを抱えた人は、他人を非難しながらも、自分自身に対する怒りは周囲には見せないことが多い。自己非難は周囲には見えないため、その人の内面的な葛藤が他人には理解されないのである。

外化とは、自分が感じていることを他人を通して感じること

外化と一見似ているようで、実は異なる心の動きとして、「抑圧」と「投影」がある。くわしくは第2章で述べていくので、外化と、抑圧、投影のちがいについて、ここでは簡単に触れておく。

敵意を抑圧している人は、「あなたはそうして人に意地悪をする」とか、「あなたは何で人をいつも非難するのだ」とか、「あなたは攻撃的な人間だ」とか、「あなたは嫉妬深い人間だ」とか、相手を非難する。

実はその人自身が嫉妬深いのだが、嫉妬深いということを認められなくて、相手を非難する。これを「投影」という。

外化は、自分では気がついていない自分自身の感情を外へと向けることである。抑圧の場合には、心の奥底では自分の感情を知っている。しかし、外化の場合にはそれを知らない。

つまり認めないのではなく、最初から気がついていない。

敵意を外化した人は、周囲の人が自分に敵意を持っていると思う。誰も自分を信じてくれないと思う。だから怯《おび》えて、ビクビクしている。自分こそが周囲に敵意を持っているということに気がついていない。

投影の場合は、相手を非難する。外化の場合、感情はそれに気がついていない。外化は、相手を非難するのが目的ではない。自分を守ることが目的である。

外化とは、**自分が感じていることを他人を通して感じること**である。それには二通りある。

自分への不満を相手を通して感じる。

1、自分が「相手」に不満を持つ。

2、「相手」が自分に不満である。

自分が自分自身を憎む。自分への憎しみを相手を通して感じる。

1、自分が「相手」を憎む。

2、「相手」が自分を憎む。

自分の感情の原因を外部に求める。そこが投影と違う。

自分が誰かを憎んでいる時に、一度「私は本当にあの人を憎んでいるのだろうか？」と自分に問いかけてみることである。

もしかすると、**その人を憎むことで自分の中の憎しみの感情を処理している**のかもしれない。

例えば、あなたが憎んでいる相手が佐藤という名前なら、「私は本当に佐藤を憎んでいるのだろうか？」と、自分に問う。

自分が自分自身を軽蔑している。自分の蔑視を相手を通して感じる。

1、自分が「相手」を軽蔑している。

2、「相手」が自分を軽蔑している。

自分が誰かを軽蔑している時に、一度「私は本当にあの人を軽蔑しているのだろうか？」と反省してみることである。

認めがたい感情を外に向けることが「投影」

自分の中で認めがたい感情が、ある外的な対象に属すると見なすことを「投影」という。ケチである自分を認められない時、ケチでない人に対しても「ケチ、ケチ」と激しく非難する。臆病である自分を認められない人が、他人を「臆病者！」と激しく非難する。自分が冷たい人間であることを認められない人が、他人を「冷たい、冷たい」と激しく非難する。そのような人は、**自分の理想として愛情豊かな人間であることを求める。**

しかし心の底では、自分自身が冷たいと知っている。しかしそれを意識の上で認めることができず、「あいつは冷たい」「あの人は利己主義者」と激しく他人を非難するのである。

ある人が不動産業者に騙された。隣接する土地まで自分の敷地と思わされて買わされた。

しかし、騙されたことを認めることはできない。なぜなら騙されたことを認めるということは、自分の損害を認めることだからである。そこで不動産業者の言う通り、隣接する土地も自分の土地だと主張した。そうなると本当の所有者と衝突する。

そこで彼女はその本当の所有者に、**自分の中にある敵意や悪意を外化**する。

「あの人は悪意の人だ、搾取する人だ」と言い出した。

その人自身が常に人から物を搾取《さくしゅ》する人なのだが、それを相手に外化して、相手を搾取タイプの人と非難する。騙されて損をした自分を受け入れられない。この自己憎悪がトラブルの真の原因である。

自分の心の葛藤から目を背けない

満たされない顔でいつまでもしつこく相手の些細な欠点を責め続ける人がいる。どうでも良いようなことなのであるが、「あなたには人間としての誠意がない」という大袈裟な言い方をする。

自分の心の葛藤を解決するために相手を非難する人は、非現実的な理想像と比較して相手を責め苛《さいな》む。それは責めている本人が現実の自分と理想的自我像との乖離《かいり》に苦しんでいるからなのである。その責めている本人の深刻な自己蔑視なのである。神経症的な栄光追求の挫折から相手を非難しているに過ぎない。

いつまでもいつまでも、しつこく相手を責め苛むのは、相手に問題があるのではなく自分の心の葛藤が問題だからである。しつこい非難は、非難している人が本当の原因から目を逸《そ》らしているに過ぎない。

心の底には劣等感がある。心の底では、**実際の自分は、自分がそうであると主張している素晴らしい自己像とは違う**と知っている。

うぬぼれている人間は、心の底の無意識のレベルで自分が劣っていることを知っている。そしてそれを憎んでいる。そしてその無意識のレベルにある劣等意識を他人に投影する。劣っている人間に対して厳しい批判をし、軽蔑し、憎む。これみよがしに嘲笑する。

うぬぼれている人間が劣った人間をこれみよがしに嘲笑するのは、うぬぼれている人間の心の葛藤を表しているのである。彼は自分が劣っているということを、どうしても認めることができない。しかし心の底の底では、自分が劣っていると感じている。

劣等感のある人は、人を助けたがる。自分の恋人は理想の女性であって欲しいと願う。外化しながら生きている人は、どうしても現実の厳しさに耐えられない。現実の否認をしながら、現状から目を背けて生きていこうとする。本当のことを突きつけられたら、受け入れがたくて卒倒するだろう。

あなたの無防備さが、騙す人を引き寄せる

人を騙そうとしている人は、まず誰よりも先に無防備な人を狙う。一所懸命働いている人、頑張っている人、仕事熱心な人、真面目な人、純粋で有能な人、そうした人々で、かつ無防備な人を狙う。

そういう人たちは、頑張った成果をそっくりと持って行かれてしまう。無防備な人はたいてい自分が無防備だとは気がついていない。そこがまた騙そうとしている人には、美味しい餌《えさ》なのである。

自己蔑視から無防備になっている人は、自分の心の葛藤に気を奪われて、周囲の人が見えない。ずるい人が近寄ってきてもわからない。

搾取タイプの人が騙しに来ても、わからない。自分の心の葛藤に気をとられているから、自分の周囲で何が起きているかには関心がいかない。

自分の周囲が質の悪い人だけになっても気がつかない。質の悪い人に囲まれて頑張って働いても、搾取されるだけなのに、それがわからないで一所懸命に働いている。

「ずるさは弱さに敏感である」とは名言である。そして自己蔑視も同じことである。

「ずるさは自己蔑視に敏感である」。これは私が作った言葉だが、同じように名言だと思っている。

自己蔑視している人は、周囲にずるい人を引き寄せてしまう。

ずるい人に囲まれたら、どんなに努力しても幸せにはなれない。

望むようにことが運んでいない。
イライラする。
その原因は「あいつだ」と非難することで、
自分の心のバランスを回復する。

健康な人は、他人をあるがままに見られる

自分の中にあるものを外へと表していくと、それが、他人について歪んだ認識を持つ結果になる。

カレン・ホルナイは、この心理過程を「外化」と述べている。

欲求不満な人、憎しみの塊のような人、そういう人は憎しみを外化して、他人を歪めて解釈する。優しい人を鬼のように思うこともある。

他人をあるがままに見られる人は、心理的に健康な人なのである。

他方、外化ばかりしている人はあなたを憎んでいるのではない。実際には、人生そのものを憎んでいるのである。あなたが嫌いなのではなく、生きることが嫌いなのだ。

例えば、「あのブドウは酸っぱい」と言う人が自己憎悪の人である。本当はそのブドウが欲しくて、心の底ではそのブドウが甘いことを知っている。しかし、それを認めることができない。これは合理化であり、現実否認の結果だ。そのため、「あのブドウは酸っぱい」と主張することになる。

自分がブドウを取れないことを憎む。本当は社会的に成功したいと願っているが、成

功できない。だから「社会的に成功することなんてくだらない」と言い出す。社会的に成功できない自分を憎むのである。ブドウを取れる自分が「理想の自分」になる。

外化は、自我価値の剝奪《はくだつ》からの防衛以外でも起きる。**さびしさから外化が起きる**。人とつながっていたいという願望がある。愛情飢餓感から起きる。裏切られた時の憎しみはすごい。外化とは現実否認である。

自分の恋人は理想の女性、あるいは男性であって欲しいと願う。そうすると、現実の恋人を見ないで、相手を理想の女性あるいは男性としてしまう。

外化をして生きている人は、現実の厳しさに耐えられない。現実否認をしながら、現実から目を背けて生きていこうとする。現実を突きつけられたら苦しくて卒倒するかもしれない。

しかし、現実は現実である。相手は女神でもなければ、白馬の騎士でもない。だからどうしても現実を受け入れられない。

だから一目惚れをする人は、たいてい次から次へと恋人を替えていくのである。そして、相手が自分の要求に叶うように変わらないので不満になる。多くの人が自分自身への不満から投射された、幻想たる非現実的な（過大評価されているがゆえに）パートナーを創造するのを強いられる。[*4]

ありのままを受け入れることから始めよ

自分が理想の自我像に達していないから、人と自分を比較する。優れた人に劣等感を抱く。実は深刻な劣等感のある人は、他人と自分を比較しているのではなく、心の中で理想の自我像と「現実の自分」を比較して劣等感に苦しんでいる。それを、他人に外化して、他人を通して感じているだけである。

外化は相手の現実を認めない。自分の現実も認めない。それは自分にとって重要な他者が、自分の現実を認めてくれなかったからである。

親は子どもの現実を見ない。非現実的なほど高い期待を子どもにかける。その親の期待を子どもは内面化する。現実よりも心の葛藤が優位を占めるようになる。優先順位第一位が心の葛藤の解決になる。そうして子どもも現実を見ないようになる。その結果、心が遭難する。準備なしの登山である。現実の遭難でなく、心が遭難することもある。

「こうあって欲しい」という願望を現実と見なしてしまう。「何でこんなことができないのか？」と子どもを非難する親ほど、子どもにしがみついている。「何で誰々さんのようになれないのよ症候群」の親には敵意がある。子どもを愛する能力がない。

親に愛する能力がなく、その上に親から敵意を持たれてもなお、今日まで生き抜いてきた人は心理的にすごい人である。その自分を信じてほしい。

「愛の不能」と「無視」の弊害

愛の不能は、相手の適性や、限界を無視することである。無視は不安の結果である。そして、不安ゆえに相手にしがみつく。親は、子どもにしがみつく。

そしてこの親の無視の中に敵意が表現されている。相手の限界を考えないで、「何でこんなこと、できないのだ」と言う親の子どもへの怒り。**自分に対する怒りを外の対象に置き換えるのが外化**である。

母親への愛情欲求が強ければ、自分を虐待した母親でも「母親はいい人」と言い張る。それが外化である。事実が人に影響を与えるのではなく、事実に対するその人の解釈が人に影響を与える。そのことについて決定的な影響を与えるのが、外化である。幼児期の母親との関係は、生涯にわたって極めて重要であることは、我々の常識では、残念ながら見落とされている。

パーソナリティーは、幼児期の環境内の重要な人物との関係から発展してきたものである。まったく生物学的に生命が始まったばかりのときでさえ――子宮内の受精卵――その細胞と環境とは一つのものであり、解きがたく結び合わされている。*5

ある人があなたに対して「ある言葉」を発した。客観的事実として認められるのは、たったこれだけのことである。だが、その言葉をどう受け取るかは人によって違う。

自分が自分自身をバカにしている人は、ある人の何気ない言葉を「私をバカにした」と解釈する。そしてその何気ない一言が、その人にとってものすごい影響力を持ってしまう。*6

自分が自分自身に失望していると、妻が自分に失望していると思ってしまう。そして妻に煩《うるさ》く小言を言う。理由を見つけては妻を責め続ける。自分自身に失望している親は子どもを責め続ける。「自分がもっと多くを欲している」ことを認めることは、**自分が人生において意気地なしであり、臆病と認める**ことだ。それよりも妻を非難している方が心理的に楽なのである。夫婦関係でも親子関係でも、自分が意気地なしであり、臆病と認めるよりも、相手を責めている方が心理的に楽である。そうなると、相手が嫌いでも相手がいなければ生きていかれなくなる。

信じたいから信じているだけ

抑圧がうまくいかないと当人は苦しむ。やっかいな動機はうろたえ気味ながらも気息を保っている。だが、やがて順応活動もできなくなり、胸騒ぎを適切な行為に切り替えることができなくなる。

そこで、動機と行動との間に「投射」の機制が介入する。事態を全部外在化する。自省を拒み、自分の心を全面的に外界のせいだと考える。自身内部の破壊的衝動に苦しむと、誰か他人の側にその衝動があると見る。[*7]

ある人を素晴らしいと思うのも、ある人を軽蔑すべき人間であると思うのも、「他人をどう見るか?」ということである。つまり**自分が、他人をどう見るかという問題である。**

外化は、自分の自分に対する態度を、他人の自分に対する態度と思ってしまう。これは他人が、自分をどう見ているかという問題である。

外化は自分が他人をどう見るかという時に、起きてくる心理過程である。

投影は抑圧によって起きている心の葛藤を解決するための心理過程である。

これは、ある母親と子どもの会話である。

「子どもが何でも言える関係にしておかなければいけない」「これからあなたたちは大切な時なんだよ」と言いたい。「私の子育ては間違っていました」と泣く。「いつもこうなんだよ、こう言われたら僕はどうなるんだ、一番僕は嫌なんだ」「私は彼を信じています」。子どもはこれを聞いて「重いー」と言う。

これが外化。**信じたいから信じているだけ**である。「どこが間違っていたんだろう」と聞く。

心理的葛藤から来る緊張の解決のためには、いくつかの方法がある。

外化といわれる心理過程も、心理的葛藤の緊張から自分を解放するための方法であると言える。[*8] 現実のその人とは関係なく、ある人を「魔法の杖を持った人」にしてしまうし、逆に現実のその人とは関係なく、その人を「許しがたい人間」にしてしまう。

なお、補足的投射とは「自分の心理状態を想像上の他人の意図、ならびに行動へかこつけることにより、説明づけたり正当化したりする過程」である。[*9]

失敗を許せない心が他人を攻撃する

失敗を許せないという感情が、他人への攻撃につながることがある。

例えば、受験に失敗した時、当事者が自分を責めるのは当然だが、その苦しみを他者に向けてしまうことがある。母親が「お前が駄目だからこうなったんだ」と子どもを責めることも、その一例だ。

このように、**失敗を許せないという感情は、自己憎悪から来ている**ことが多い。失敗とは、「失って敗れた」ということだ。失敗を許せないということは、その人が自分に対して深く失望している証拠でもある。そのため、他人の失敗に過剰に反応し、攻撃的になることがある。

自己憎悪を外化するために、他者を責める行為が繰り返されることがある。

例えば、配偶者との関係が悪化した時、「あいつが悪い」と責めることで、自分の心の苦しみを他者に転嫁し、一時的に楽になることがある。

しかし、このような責任転嫁は問題を解決するわけではなく、むしろ関係を悪化させるだけである。

「お前が悪い」「あいつが悪い」という言葉には、深い心理的な背景がある。その言葉が意味するのは、「助けて欲しい」という心の叫びなのだ。

不安定な愛着関係で育った人々は、自己憎悪を外化する傾向が強い。

感情的に不安定な環境で育った場合、困難な状況に直面した時、自分の心の問題に直面するよりも、他者を責めることが楽だと感じることがある。その結果、「お前が悪いから私は苦しんでいる」と叫ぶことが繰り返される。

しかしこの行動は、本質的な解決をもたらすことはない。むしろ、**自分の問題を他者に押し付けることで、さらに深い孤独と苦しみを招く**ことになる。

神経症者はしばしば、自己憎悪を他者に転嫁することで、その苦しみを軽減しようとする。しかし、この過程で自分の問題を解決することはできず、最終的にはうつ病や自殺などの深刻な結果を招くことになる。

いつまでもいつまでも、
しつこく相手を責め苛むのは、
相手に問題があるのではなく
自分の心の葛藤が問題だから

＊１ Karen Horney, Neurosis and Human Growth, W. W. Norton & Company, 1950, p.297.

＊２ Karen Horney, Our Inner Conflicts, W. W. Norton & Company, 1945, p.116.

＊３ Gordon W. Allport, The Nature of Prejudice, A Doubleday Anchor Book, 1958. 原谷達夫・野村昭 共訳、『偏見の心理』下巻、培風館、１９６１、１２５頁

＊４ Abraham H. Maslow, Motivation and Personality, Haper & Row, 1954, p.197. 小口忠彦訳、『人間性の心理学』、産業能率大学出版部、１９７１、２８６頁

＊５ Rollo May, The Meaning of Anxiety, W. W. Norton & Company, 1977. 小野泰博訳、『不安の人間学』、誠信書房、１９６３、１１７頁

＊６ George Weinberg, The Pliant Animal, St. Martin's Press, 1981. 加藤諦三訳、『プライアント・アニマル』、三笠書房、１９８１、１２７頁

＊７ Gordon W. Allport, The Nature of Prejudice, A Doubleday Anchor Book, 1958. 原谷達夫・野村昭 共訳、『偏見の心理』下巻、培風館、１９６１、１２５頁

＊８ Karen Horney, Neurosis and Human Growth, W. W. Norton & Company, 1950, p.292.

＊９ Gordon W. Allport, The Nature of Prejudice, A Doubleday Anchor Book, 1958. 原谷達夫・野村昭 共訳、『偏見の心理』下巻、培風館、１９６１、１２８頁

第2章 幸せになるために乗り超えよう

ノイローゼは身代わりを見つける

——ベラン・ウルフ

感情的になる人は何か不都合なことを抱えている

自分が感情的なのに、相手を感情的だと言うことがある。そう言って自分が感情的であることを認めたくない。自分にとって都合が悪いことがあると、そこを突かれて怒りに狂う。マインドレスな感情が爆発するのだ。

外化は、受け身の姿勢を取っている人がする行動である。この状態が自分が選んだことであると認識できれば、外化は止まる。外化を止めることが、自分に直面することだからだ。

また、どうでも良いことで「大変なことになった」と大騒ぎをする人がいる。これは演技ではなく、その人は本当に「大変なことになっている」とパニックになっているのである。これは外化である。その人の心の中が「大変なことになっている」のだ。決して外の現実が大変なことになっているわけではない。

自己憎悪は楽しむ能力を破壊する。自分を憎んでいる感情の外化についてもカレン・ホルナイは述べている。

まず、積極的な形で憎悪が表現されると、他人は軽蔑すべき存在であると思うようになる。しかし本当は、自分自身を軽蔑すべき存在と思っている。

自己憎悪はとある形で表現される。それは相手を憎むことであり、これは積極的な形での表現である。つまり、自分の自分への憎しみを、他者を憎むことを通じて感じているのだ。意識の上では、ある人を憎悪しているが、実際には自分を憎悪しているに過ぎない。

実は、妬み深いのも独占欲の強いのも、わがままなのも自分自身なのである。それを周囲に外化して、「その妬み深い人さえいなければ」となる。「さえいなければ」というのは、言ってみれば「私が私でなくさえあれば」ということになる。

自分の中にあるものを外へと表していくことで、それが他人について歪んだ認識を持つ結果に至ると、カレン・ホルナイは説明している。**自分の感情を他者に投影することが、自己憎悪を深める原因となる。**

人が幸せになるために乗り超えるべきもの

執着する人は、その執着するものがなくなれば自分が自分ではなくなってしまう。だから執着するのである。名誉に執着する者は、名誉がなければ自分を感じることができない。お金に執着する者は、お金がなければ自分を感じることができない。

相手が持っていない性質を勝手に相手に付与して、その自分が付与した性質に自分が反応することがある。それが外化である。

自分が搾取タイプの人である場合、相手は善意の人である。しかし搾取する悪意を、善意の人である相手に外化する。つまり、勝手に相手を搾取する悪い人に仕立て上げる。そして「その悪人」を自分が攻撃する。

極端な例であるが、次に紹介するのは本当にあった話である。

自分が相手の土地を奪い取ろうとした。しかし奪えなかった。その時に搾取タイプの人は、相手が自分の土地を奪い取ろうとしたと信じる。

つまり外化が始まる。善意の人を搾取タイプの人に仕立て上げていく。そして自分をその被害者にしてしまう。そして**その人を憎むことで生涯を終える**。

そういう人は何よりも「自分自身との関係」を改善しなければ、すべての人間関係はスムーズにはいかなくなる。

もちろん、人は好き好んで自分を憎んでいるわけではない。自分を憎むには自分を憎む原因が、きちんとある。

恵まれた人間環境の中で生まれ成長してくれば、自分自身を憎むようにはならない。自分が自分自身を憎んでしまった人には、当然その理由がある。しかし、人が幸せになるためには、それを乗り超えなければならないのである。誰もが理想の環境に生まれてくるのではない。

理想に近い環境に生まれる人はいるだろう。だが、**地獄のような環境に生まれる人もいる**。それは外からはわからない。

外からは理想の環境に生まれ育っているように見えても、地獄の場合もある。理想の人間環境とは、あくまでも心の世界の話である。

経済的に恵まれているか、両親がそろっているかどうかなど、外側のことはわかる。しかし、両親が子を愛する能力を持っているかどうかは外からはわからない。

不満な人ほど相手を悪者に仕立て上げる

自分が焦っている。その時に「そんなに焦らすな！」と周囲の人に怒る。自分が偉くなりたい。その時に両親に向かって、息子は「そんなにオレに偉くなってくれと期待するな！」とか「どこまでオレが偉くなれば気が済むんだ！」と怒る。

カレン・ホルナイの言う「the feeling of inner coercion（内的強迫感）」とは、誰かがその人に強制するのではなく、その人自身がそうしないではいられないということである。

誰もその人に「偉くなって欲しい」と期待していないのに、自分が偉くならないと気が済まない。それが内的強制である。そうしないではいられないという強迫性が、内的強制である。

それは自分の心が「『べき』の暴君」の支配にゆだねられている状態である。[*1]

自分が独立して仕事をするのが怖い。大企業に就職したい。そんな時に「親が」大企業に就職しろと言っていると言う。

自分の中の「大企業に就職したい」という気持ちを親に外化してしまう。

不満な人ほど相手を悪く解釈する。お腹の空いている時には相手を悪く思う。偏見を持つ。いない民族を憎む。

自分の適性に合っていない職業に就いている人がいる。しかし、その職業が自分の適性に合っていないと気がついていない。そんな時になぜか色々なことに不満になる。周囲の人の態度に不満になる。また、人は自分が満足していなければ、なかなか人に優しくなれない。このことを考えても、外化という心理過程は理解できるのではなかろうか。

自分に満足している人は、それほど人を悪くは言わないし、社会に対してそれほど不満を言わない。「社会が悪い、政治が悪い、アメリカが悪い」と騒がない。自分に不満だからこのように騒いでいる人たちは、違った社会になってもまた「社会が悪い、政治が悪い、アメリカが悪い」と騒ぐ。そのように騒ぐことが自分に対する不満の外化だからである。

今の日本の若者が、諸外国の若者に比べて飛び抜けて、**社会に対して、地域に対して、職場に対して、家庭に対して、学校に対して不満**なのは、日本の若者が自分に対して不満だからである。

自分が自分自身を責めているのに、他人が自分を責めていると思う。

自分が自分自身を憎んでいるのに、他人が自分を憎んでいると思う。

もっと強くなりたいけれど強くなれない

自己憎悪を他者に転嫁することが、深刻な問題を引き起こすことがある。

例えば、ある人が自分の心の問題に直面したくない時、最も簡単なのは他者を責めることだ。親が子どもに対して「お前が悪い」と責める時、その背後では自分の心の問題を他者に押し付けているのだ。こうすることで、一時的には楽になるかもしれないが、その結果として、人間関係に深刻な影響を与え、最終的には孤独を深めることになる。

自己憎悪を他者に転嫁してしまうことで、問題が解決することはない。むしろ、**自己の問題から目を背けることで、より大きな苦しみにつながる。**

外化は偏見である。自分の中にある他者のイメージを外化する。相手は自分を責めていないのに責めていると思う。これは被責妄想である。父親をモデルにして他者を見る。これが外化である。

乖離（disparity）は、主として次の三つの中に表れる。

・自己蔑視（self-contempt）
・自分に対する怒り（rage against the self）
・強迫感（a feeling of coercion）

理想の自分と実際の自分の乖離が生じると、**自己蔑視と自分に対する怒りと内的な強迫感**の三つが生じる、ということだ。その三つがどのように外化されるかが問題である。[*2]

つまり、「理想の自分」と「実際の自分」に乖離が生じるということは、自分の願望と現実の自分との乖離であり、また自分が自分自身を受け入れられていないということである。あるいは欲の皮が突っ張っているということである。

書いた本がベストセラーになって欲しい、という願望と現実との乖離である。

他人に対する怒りは、自分の欲求が妨害され、心の傷を負った時に生じる。

自分自身に対する怒りは、焦りと表現した方がよいだろう。

「もっと強くなりたい」「もっと速く走りたい」「もっと偉くなりたい」などである。

しかし、思うように強くなれない。そういう時に「自分に対する怒り」が生じる。

もっと強くなりたいけれど強くなれないので焦る。イライラする。

憎しみと怒りを持つと駄目であり、憎しみと怒りを持つと焦る。

他人の善意をそのまま受け取れないひねくれ者

何をしても、それを心の底の動機に帰する。自分が何をしても、みんなは自分が下心があると思っているのだ、と思ってしまう。人が自分の行動を見て、「あんな親切そうなことをして、実は利用しようとしているだけだよ」などと、自分を非難していると感じてしまう。[*3] つまり、**自責の念を外化すると、誰も自分を信用していないと感じるようになってしまう。**

罪の意識があると、人が自分を信用していないと感じる。恥ずかしがり屋の人の不信は、おそらく自責の外化によるものである。

例えば、私が病気で休講の連絡を大学にする。それが本当でも、きっとみんなは自分が怠けて休講にしたと思うだろうと推測してしまう。あるいは、自分が自分を蔑視していると、自分のしたことに相手は感謝していないのではないかと不安になる。そこで、「自分がこんなにしているのに、その態度は何だ」と相手に不満を感じる。

実際、相手はこちらに感謝している。しかし、感謝していないと感じてしまう。そのため、「常に」感謝や賞賛を必要としてしまう。自分が自分をバカにしていることを外化すると、相手が自分をバカにしているのではないかと感じてしまう。自己蔑視を外化すると、相手の感謝の気持ちを感じ取れなくなる。

実際は自分がケチで財産が欲しいのに、相手をケチと騒いでいるに過ぎない。本当は自分がケチである。しかし、ケチであることを認めたくない。

するとどうなるか？　相手をケチであると非難し始める。これが「投射」である。ある望ましくないものを自分が持っている。しかしそれを認めたくない。すると、その望ましくないものを他人が持っているとして非難し始める。

結婚していても、結婚していなくても同じである。恋愛の段階でも、お金が原因でもめ始めるというケースは多い。お金がないのならしかたがない。ところがお金がかなりあるくせに、**恋人との食事も回を重ねると、お金を使うことがもったいなくなってくる男性**がいる。

他人を叩く行為は、それでしか自分の人格を保てない証拠

自分が間違っていることを心の底では知っている。しかし、その自己憎悪を外化して「お前は間違っている」と叫ぶ。

自己憎悪を外化した人は、相手が間違っていることを必要とする。それはまさにネガティブ依存症、いわゆる「ネガホリック」である。相手を否定しないではいられない。

相手の存在を否定することでしか自分が生き延びていかれない。

相手の人格を否定することでしか、自分の人格を保てない。ちょうど、男として自信のない男が女を軽蔑するのと同じである。男として自信のない男は、男尊女卑でなければ男としての自分を維持できないのだ。

自己憎悪に苦しむ人は、自己憎悪を外化して相手の価値を全否定することで、何とか自分の心の平衡を維持しようとしている。

しかし、外化すれば皮肉にも他人依存は深まる。自分で自分を支えきれず、自分の苦しみを背負えない。そのため、「お前が悪い」と言うことでしか、苦しみを緩和できない。

否定する他人がいなければパニックになり、パニックになれなければうつ病などになる以外にはない。パニックやうつ病でその場を解決できなければ、自殺しかないと考えるようになる。だからカレン・ホルナイは、外化がなければ自殺が増えると言っているのである。

ただし外化された側が、非難に耐えられなくなって自殺に追い込まれることもある。自殺に追い込まれると言っても、もちろん直接追い込まれるわけではなく、**心理的に次第に弱まっていき、最終的に自殺に至る**のである。

他人の言葉で自分の人生を決めるな

自分の感情が、他人の言動によって決められる。

不機嫌な人は、他人の不機嫌に敏感である。相手の機嫌、不機嫌にこちらの気持ちが左右される。

子どもは母親にいつも機嫌良くしていてもらいたい。母親の機嫌が悪いと子どもは怒る。子どもが「怒る」ということは傷ついているということである。

逆も多い。子どもが機嫌良くないと親が怒る。私の父親は、私が異常にはしゃいでいないと「どうしちゃったんだ」と、いつも私を責めた。そして不自然に陽気でないと私を責めた。

私は普通にしていられなかった。不自然に元気でない時には父親の前に行って「元気でなくてすみません」と手をついて謝った。

イライラしている人も「お前がこうするから」となる。すると、自分の心理的安定は他者の言動に依存してくる。

「他人はこうあって欲しい、他人はこうあるべきだ」という考えが強くなり、他人をこうしようという姿勢は強まる。他人を変えようとする。他人に尊敬されようとする。

自分を尊敬しない人間は、他人に自分を尊敬するように仕向ける。すると、どうしても余計な仕事を引き受ける。その結果、色々な会議で不当に重要な役割を引き受ける。引き受ける必要のない役割まで引き受ける。他人が不当に重要になる。*4

自分の人生が良いか悪いかまで他人によって決められるようになる。

これは自己消滅である。

自分の中で自分の感情を意識することができない。嫌いなのに嫌いと感じられない。いよいよ他人依存になっていく。

「make for =〜の方向に進む、助長する」。何時に寝るとか、どこで寝るのかとか、外側のことが不当に重要になる。どこに住むとか、どの人とつきあうとか、そのようなことが不当に重要となる。

ユングの言う extraversion である。外向性である。

人間は抑圧した感情に左右されてしまう生き物

人はある感情を抑圧すると、その感情に生き方、感じ方を支配されてしまう。敵意を抑圧すると、その敵意に自分の人生を支配される。**怒りの処置を誤るということは、生き方を誤ることにもつながる。**

人はマイナスの感情を抑圧し、投影する。子どもを「レベルが低い」と責める父親は、自分が社会的に高く評価されていないことが不満である。自分自身が社会的にレベルが低いことを心の底で知っているが、神経症的自尊心が強いため、それを認めることができない。そこで「お前はレベルが低い！」と**子どもを責めることで、傷ついた自分の心を癒やそうとしている。**

また、子どもに「エジソンのような発明家になれ」などと言うことで、親は自分の偉さを誇示しようとしているのである。親は深刻な劣等感がなければ、そんな高い基準を子どもに課すことはない。子どもに「エジソンのような発明家になれ」と言う自分を、親は考えようとしない。それを考えることで自分が見えてくるのであるが、その考察は心理的に辛い。現実に直面しなければならないからだ。

人のことを決めつける人は何かを抑圧している

またそのような人は、相手のことを決めつける。「お前は名誉が好きだから」と相手を非難する人が、実は自分の名誉欲を抑圧していることが多い。

私の父親は、私が名誉など関係のない少年期に「お前は名誉が好きだから」とよく私を非難していた。私はものすごく違和感を覚えていたが、今になって思えば、父親が名誉欲を抑圧していたことがよく理解できる。

そのような人は、自分が心の底で求めているものを意識的に拒否する。非難は、自分の心の葛藤を解決する手段となっている。投影には非難が伴う。自分自身の良心をなだめるためである。「あいつはお金ばかり欲しがっている」と非難する人が、お金が欲しいという気持ちを抑圧し、それを相手に投影して非難する。

抑圧の強い人は、相手の何気ない動作を自分自身の無意識の願望にしたがって解釈する。

何かの感情を抑圧している人は、こうしたら他人に気に入られるのではないかということについて誤解する。**相手にこうして欲しいという気持ちを抑圧し、それを相手に投影する。**相手が自分に望んでいることではなく、自分が相手に望んでいることを、相手が自分に望んでいることと解釈する。

相手に対する束縛の願望を抑圧して、相手は自分を束縛しようとしていると誤解する。自分のことを相手を束縛するような器量の小さい人間と思いたくはないが、実際は普通の人より器量が小さい。そのような時に、今述べたようなことが起きる。

エジソンのような発明家になれ、と言う親

自分は気が小さいことを認められない人が、「あいつは気が小さい」と言う。気が小さくない人を、気が小さいとしつこく批判することで、自分の心の葛藤を解決しようとしている。

権力欲や世俗的なものへの憧れを非難することも同様であり、そうした攻撃性は自分の心の葛藤を解決する手段である。相手を悪く思い、**悪いことを人のせいにすることで、自分の感情に向き合わずに済ませようとする。**

ケチである自分を認められない、臆病である自分を認められない、冷たい自分を認められない。自分の理想は愛情豊かな人間であるが、「あいつは冷たい」「あの人は利己主義者」などと言って他人を非難することで、心の葛藤を解消しようとしているのである。

「あの人、いやらしいわよ」と責める人が、ものすごくいやらしいことがある。自分のいやらしさを認めることができない。その心の葛藤を「あの人、いやらしいわよ」と責めることで解決する。自分のいやらしさを認めている人は、そこまで酷く「あの人、いやらしいわよ」と人を責めない。

親は単純に、自分が自分自身の期待通りの人間でないことに不満を持ち、その不快感から気をそらすために子どもを責める。そして子どもが**対処できないようなところまで追い詰めていく**。こうして子どもは、自分の実際の姿に罪悪感を持ち、実際の自分ではいけないと感じるようになる。

しかし、子どもを責めることで自分の心を癒やせる親ばかりではない。たとえ子どもがいたとしても、そんな従順な子どもばかりではない。そうなると、親はどこかに従順な子どもに代わる者を見つけなければならない。その中の一人が会社の部下である。

子どもに「エジソンのような発明家になれ」と言った親は、実は親という名前であっても、心理的には親ではなく、復讐者となっている。

親の憎しみを解決する手段が子どもであった。こうした復讐者となった親から責められている子どもは、案外できのいい子どもであり、世間から見ればどうでもいいことで頑張らされている。こうした親は些末《さまつ》なことに煩《わずら》い、そのうち子どもは取るに足らないことを重要なことと勘違いし始める。

自分が一番嫌いな人に、あなたは似ているかもしれない

悪口ばかり言っている人からは幸運が逃げていく。人の悪口ばかり言う人は狭い世界で生きることになる。

人は、自分が最も嫌いな人と似ている。学生へ次のようなことを質問した。「自分が一番嫌いな人を想像しなさい」。その人と自分が似ているか？　ほとんどの学生が驚いていた。

実は誠意がないのは、まさに誠意がないと相手を責め苛んでいる方の人である。このような人に絡まれると始末が悪い。なぜなら、そのような人と離れようとするとつきまとわれるからである。つまり、そのように相手を責める人は、相手を必要としているのである。自分の心の葛藤を解決するために相手を必要としている。だから相手から離れられない。

自分の心の葛藤を解決するために、今自分は相手に絡みつき、相手を責めているなどとは決して認めない。それが認められるくらいなら、もともとそのような心の葛藤を持たなくて済んでいるのである。それが認められないから相手を責めている。それが認め

られないから投影をしている。

欲求不満な人は、自分の「心の裏部屋」で生じた感情を唯一の事実と思い込む。ある人の感情が、知らぬまにその環境の解釈に反映されている場合、我々はそれを投射と呼ぶ。[*5] このデマは他の多くのデマとは異なり、慎重に事実が報道されてからも消え失せなかった。もっと根深いところに障害がある。感情に深く潜んでいる。

自分への不満を外に向けてしまう悲しい人

他人が重要になりすぎる。これには二つの意味がある。一つは他人に気に入られることが、ことのほか大切になるということである。もう一つは、いつも側に他人がいないと生きていけないということであり、孤独に弱い人間になる。

人とのつきあいが異常に大切になる。それでいながら側にいる他人が嫌い。だから、**近い人にはいつも不機嫌である。**近い人には気難しい。

近い人といる時にはいつも苦虫を嚙みつぶしたような顔をしている。それは甘えの歪んだ表現である。間接的な表現と言っても良い。近い人には甘えて遠慮がない。

それでいながら、遠い人には遠慮がある。嫌われないように良い顔をする。気兼ねをして「良い人」を演じる。

ピーター・パンのように、いつもパーティーを開いて騒いでいなければ気持ちが持たない。パーティーに人を招待しながら、招待する人と気持ちが触れ合っていない。そうなると、招待する人の数が大切になる。

人間嫌いなくせに人にもてはやされたい。多くの人を知っていることを得意になるくせに、人が嫌い。[*6]

人と親しくなれないのに、人とつきあいたい。人に怯えていながら、人にもてはやされることを必要とする。**人が嫌いなのに、人といなければ気持ちが持たない。**

「一人暮らしのわびしさ、二人暮らしの煩わしさ」と心境を語った、高齢者の方がいた。

この人は、長いこと現実を見ないで生きてきた。自分の心が満足するように現実を決めてきた。自分の傷ついた神経症的自尊心が「あの人は軽蔑すべき人間である」ことを必要とする。そして、「あいつはバカだ」と決めつけて生きてきた。

傷ついた神経症的自尊心を癒やすために「この職業は素晴らしい」ことが必要な場合

には、「この職業は素晴らしい」と決めつけた。つまり、この人は外化で世界を見てきた。「世界を見てきた」というよりも、自分の心の傷を癒やすように「世界はこうだ」と決めつけて生きてきた。

そして最後には、カレン・ホルナイが言うように「その人を恐れ、敵対しているのに、その人を必要とする」ようになってしまった。それが「一人暮らしのわびしさ、二人暮らしの煩わしさ」と書き残した高齢者である。一人でも生きられず、みんなと触れ合いながらも生きられない。

自分は他人から敬意を持って扱われる資格があると思っている人は、自分は特別に敬意を払われて当たり前だと思い込んでいる。強迫的に名声を追求している人は、目の前の相手から自分が適当に扱われていることに気づかない。相手はお世辞を言ったり騙したりしていることを、理解しない。

重症になると、自分が軽くあしらわれているとは夢にも思わない。敬意を払われていると錯覚し、**相手がいい顔をしているのは単に都合の良い存在だからだ**と気づかない。だから相手の邪悪な部分に気がつかないのだ。[*7]

他人の評価に依存しなくていい

他人をそのままに見られる人は、心理的に健康な人である。自己認識が正しく、他者認識も歪んでいないからだ。

心理的に不健康な人は、「自分がどうあるか」よりも「他人が自分をどう見るか」の方が重要になる。

自己蔑視している人は、感情的恐喝に弱い。つまり「え、これをしてくれないの？友達なのに」とか「隣人同士仲良く、隣人同士ですから裁判などしないで境界線はここで」といった、とんでもない不当なことをのんでしまう。どんな不当なことを言われても、相手の言いなりになる。

そういう私自身、アメリカで日本人と称する人に「同じ日本人じゃないですか」と言われて、なんとなく反対しづらくて不当な要求を受け入れてしまったことがある。

自己蔑視している人は感情的恐喝をされると、どんなに不当な要求でも、相手の要求をのんでしまう。

相手の要求をのまないと、罪の意識を持ってしまう。自己蔑視すると、自分の正当な権利を守れない。ずるい他人に対して自分を守れない。

自分が自分自身を見下げていると、他人からの虐待を許してしまう。他人が自分を利用することを許してしまう。他人が自分から搾取することを許してしまう。

「憎まれている」という思い込みで救われた気になるな

自己憎悪の表現の一つは、相手が自分を憎んでいると思い込むことである。

自己憎悪の表現として、カレン・ホルナイはマゾヒズム的傾向を挙げているが、私は自己憎悪が受け身で外化されるとマゾヒズム的傾向が表れ、積極的に外化されるとサディズム的傾向が表れると解釈している。[*8]

自分自身を嫌っているのに、相手が自分を嫌っていると感じることがある。「私は先生から嫌われている」「あいつはオレを舐めている」といった怒りの感情を抱く人々は、実際には、自分自身を舐めていることが多い。**自分が自分にしていることを「他人からされている」と錯覚し、自己憎悪を外化する**のだ。

自分が自分を憎んでいる時、その感情は外部に投影される。

外化と投影とは違う。外化は、あくまでも自分の思うようにならない自分自身に対する怒りがまずある。実際の自分と理想の自分との耐えがたいギャップがまずある。その実際の自分に対する怒りを、外にぶつけるのである。

投影というのは、まず外に対する怒りがある。その怒りを意識から抑圧する。そしてそれを他者に投影するのである。

受け身で外化すると、「私は憎まれている」と感じ、積極的に外化すると、「彼を許せない」「彼を憎む」という形で表れる。自己憎悪が強くなると、他者に対して無意識に攻撃的になり、その影響は周囲に大きなダメージを与える。

もしわれわれが、他人を自分自身の意志に従わせる以外に、不安から救われ得ないとなれば、不安を和らげる方法はどうしても、本質的に攻撃的とならざるを得ない。*9

破壊的メッセージを他者に送ることで、自己憎悪を外化することもある。例えば、集団内で問題が発生した場合、自己憎悪を抱えている人は、**自分が最大の加害者であるにもかかわらず、自分が最も大きな被害者である**と信じ込むことがある。

このような人々は、自己憎悪を自覚できず、その感情を外化して相手に対して「許せない」「けしからん」と思うようになる。その結果、集団内では、こういう人のターゲットにされたために心の問題を抱える人が出てくる。家族であれば、心の病に苦しむ者も出てくるだろう。

みんなに尊敬されなければいけないという神経症的要求を持ちながら、実際には**尊敬されていないことに対して怒りを抱いている**。その常に抱える怒りが、何かの体験を通して間接的に表現されることになる。

自分の存在に意味を感じられない人が「嫌がらせ」にはしる

自己憎悪している人は、ターゲットとなる他人と対立することが、自分の存在価値になる。その人と敵対していることが生きている意味になる。

もともと外化で生きている人は、その結果として自己無意味感、虚無感に苦しんでいる。自分の存在に意味を感じられなくなっている。そういう時に、自分の心の中にある敵意や怒りや恨みを、ある人に外化する。

敵意を持ち、悪意を持ち、虚栄心を持っているのは実は自分なのだが、それを相手に外化して、相手が敵意や悪意を持っていると見なす。

自分がヒステリックなのに、相手がヒステリックだと見なす。そして、勝手に相手に敵意や虚栄心を付与して、自分が付与したものに、自分が反応し始める。つまり、攻撃をし始める。

他人の粗ばかり探して、ヒステリックに責め立てる。そうしていないと、自分が自分自身の心の葛藤に直面してしまいそうで怖い。人に高すぎる基準を要求するのは投影である。[*10]

現実とは関係のない一人芝居である。

よく「執拗《しつよう》な嫌がらせ」をする人がいるが、そういう人がこれである。

「何でここまで」と思うが、**嫌がらせをしなければ、その人は生きている意味を見失ってしまう**のである。

普段は退屈で虚しいが、嫌がらせをする時にのみ生きがいを感じる。そしてこういう人は、嫌がらせをすることでしか、人と関われない。どう人と関わったら良いかわからない。そこで、嫌がらせをすることで人と関わる。

フロムが言うように、人は人と関わることなしに、正常ではいられない。「執拗な嫌がらせ」をしている人は、子どもが大切ではない。仕事が大切ではない。夫婦関係がうまくいっていない。

大切なものは何もない。現実に側にいる子どもや配偶者は大切ではないが、**人と関わらないでは生きていかれない**。そこで外化をして人と関わっていこうとする。従って、暇人が「執拗な嫌がらせ」をする。

例えば、夫からも友人からも相手にされていない。そのような女性が隣人に「執拗な嫌がらせ」をするのである。

敵対している人だけが、自分の人生に意味を与えてくれる。自分のイライラを収めてくれる。

だから、そう簡単に嫌がらせを止めるわけにはいかない。

他人を責めるのは、自分自身に失望しているから

煩く小言を言う。理由を見つけては相手を責め続ける。問題の所在を突き止める。**相手を煩く責めるのは、相手に原因があるわけではない。**

原因は、責めている人の自分自身への失望である。抑圧行動を止める。小言を止める。小さい頃、母親から煩く小言を言われていると、妻もまた同じように自分を責めると思ってしまう。そう思ってしまうのは、自分が自分に失望しているからである。[11]

配偶者が自分の世界に干渉するつもりがないのに、「干渉しようとしている」と感じてしまう。配偶者に対して被支配感を持ち、自分の自由が許されていないような気がして不愉快になる。

重苦しい不快感というのは、自立への願望と神経症的依存心の葛藤から生まれてくるものである。「干渉されている」という感覚はまったくの錯覚であることがよくある。

配偶者は、逆にその人に早く内面の世界を持って欲しいと思っているかもしれない。ところが、親への感情を配偶者に転移してしまった人はなかなかこれに気がつかない。

相手を声高に「負け犬だ」と非難する。それは、その人自身が心の底の底で、「自分が負け犬であること」を知っているからだ。

人は外化をする時にプラスの方に外化をするにしろ、マイナスの方に外化をするにしろ、誇張してしまうことが多い。

罪の転嫁は親子関係に悪影響を及ぼす

自己憎悪を外化する人々は、しばしば自分の苦しみの原因を他者に転嫁する。

例えば、自己憎悪を抱えている親は、家族内の問題の原因を特定の人に押し付けることがある。「あの嫁さえ来なければ家族はうまくいっていたのに」とか「その子さえいなければ、家庭は平和だったのに」というように、自己憎悪を外化して他者を責めるのだ。このような**外化は、自己憎悪が強くなるにつれて、責任転嫁という形をとる**ことがある。

このように、自己憎悪を外化すると、現実の問題から目をそらし、自分の苦しみの原因を他人に求めるようになる。オーストリアの精神科医ベラン・ウルフは、ノイローゼの特徴の一つとして、「身代わりを見つける」ことを挙げている。本当の原因は自分にあるにもかかわらず、他人をその原因に仕立て上げ、自己憎悪を自覚せずに苦しみ続けるのだ。深く関わった人たちは苦しみの裏に満足が隠されていると感じる。[*12]

自己憎悪が親子関係にどのように影響するかを考えると、親が自分を憎んでいると感じる子どもは、その憎しみを外化し、親に対して「この親さえいなければ」と思うことがある。

一方で、親もまた自分の子どもに対して、「この子さえいなければ」と感じることがある。お互いに相手が自分の不幸の原因であると信じ込むことが、自己憎悪の外化の最も深刻な問題である。

自己憎悪を抱える人々は、その感情を外化することによって他者に対して攻撃的になる。自分の価値を見失い、社会において「敗者」と感じると、他者に対しても同じように「敗者」としてのラベルを貼りたくなる。自己憎悪を外化した結果、その人は**他者を攻撃し、相手の価値を否定することで自分の存在意義を証明しよう**とする。

自己憎悪が外化されることで、相手の価値が剝奪されることになるが、実際にはその相手は何も悪くない。自己憎悪の結果として他者を攻撃し、自分を守ろうとするが、その行動は、結局自分自身をさらに深い憎悪へと導いていく。

自己憎悪を外化すると、
現実の問題から目をそらし、
自分の苦しみの原因を他人に求めるようになる

「ずるい人」に足をすくわれないように

自己蔑視している人は、心に壁をつくりながらも、ずるい人に無防備である。人に迎合しているが、同時に心に壁をつくっている。

迎合しているが、心は誰とも打ち解けられない。誰に対しても心の壁は高く厚い。相手の言いなりになっているが、誰に対しても本当には気を許してはいない。

あまりにも長いこと傷つきすぎて、心の壁が厚くなりすぎてしまった。誰とも心が触れ合わなくなってしまった。

そうしているうちに、自分でも自分の本当の気持ちがわからなくなってしまった。

そこまで譲ることはないというところまで譲ってしまう。そこまで頭を下げることはないというところまで、頭を下げてしまう。そこまでしてあげることはないということまでしてあげる。そして、そこまで献身して尊敬されないというのが特徴である。

相手に献身しながらも、相手から軽視される。

こうなってしまった人は、何よりもあつかましい人に対してどう振る舞ったら良いかがわからない。決して頭を下げてはならない人に、一方的に頭を下げる。頭を下げることが相手の軽視を呼び起こすような人に、頭を下げる。

頭を下げれば、こちらを一段下に見るようなあつかましい人に頭を下げる。

逆に誠意のある人を恐れない。誠意のある人に失礼な態度をとってしまう。

自己蔑視している人は、いわゆる良い意味での処世術が下手で損をする人である。

self-contempt（自己蔑視）の反動形成で、「オレは絶対の自信があるからよ」と大袈裟に言う人もいる。


self-contemptの外化は、他人が自分を軽蔑していると思うことである。

他人が自分を尊敬していても、それがわからない。どうしても自分を軽蔑しているとしか感じられない。

新しい情報に心が開かれていない。そして、「こんなにしているのに」と一人で勝手に腹を立てる。

しかし自己蔑視している人は、自分の自分に対する態度に気がつかない。**自分の自分に対する態度に気がつかない**ことが外化の特徴である。[*13]

「べき論」は捨てた方が楽

自分に対して不満である。その不満を、学校を通して、社会を通して感じる。つまり、学校に不満、社会に不満になる。会社に不満になる。

自分はもっと社会的に活躍したい。活躍しなければいけない。そこで活躍していない自分が面白くない。

もっとみんなに注目されたい。いや、もっと注目される「べき」である。注目されない自分自身が許せない。

もっと異性にもてたい。もてない自分が不愉快である。

なんやかんやと面白くないことばかりである。朝起きた時から、**面白くなくてイライラしている。**

そこで朝から欲求不満の塊である。そんな状態が「自分に対する怒り」である。

心理的に健康な人から見ると、何でそんなにイライラしているのか理解できない。

内的強制とは、心が「『べき』の暴君」に支配されている心理状態である。[*14]

なんとなく、責められているような気がする。

なんとなく責められているような気がするのは、自分の生き方に自信がないからである。

どこか負い目がある。やましさがある。

どこかに、自分は誤魔化しをしながら生きてきたというやましさがある。

立派に生きている人に会うと、自分の弱点を無意識に感じる。

その結果、心が「『べき』の暴君」に支配されるのである。

「『べき』の暴君」に支配されてしまう弱さがどこから来るかというと、「やましさ」である。シーベリーの言う「完全であるべき」という意識は、「やましさ」の反動形成である。*15

しかし、実は誰も責めていない。本人が責められていると錯覚しているだけである。

それは小さい頃から養育者との関係で、いつも責められて成長してきたからである。

責められて成長した結果、完全でない自分に負い目を感じる。完全でない自分にやましさを感じる。

完全でない自分は、責められていると感じる。その反動形成で「『べき』の暴君」に支配される。

それが内的強制である。

内的強制を外化するということは、自分が相手に対して「『べき』の暴君」になるということである。

相手は責められている。**相手が解放されたがってもまったく不思議ではない。**

＊1 Karen Horney, Our Inner Conflicts, W. W. Norton & Company, 1945, p.123.
＊2 ibid., p.120.
＊3 Karen Horney, Neurosis and Human Growth, W. W. Norton & Company, 1950, p.129.
＊4 Karen Horney, Our Inner Conflicts, W. W. Norton & Company, 1945, p.117.
＊5 Gordon W. Allport and Leo Postman, The Psychology of Rumor, Henry Holt and Company, 1947. 南博訳、『デマの心理学』、岩波書店、１９５２、47頁
＊6 Karen Horney, Neurosis and Human Growth, W. W. Norton & Company, 1950, p.298.
＊7 ibid., p.294.
＊8 ibid., p.117.

*9 Rollo May, The Meaning of Anxiety, W. W. Norton & Company, 1977. 小野泰博訳、『不安の人間学』、誠信書房、１９６３、２４１頁

*10 Karen Horney, The Neurotic Personality of Our Time, W. W. Norton & Company, 1964, p.158.

*11 Mary McClure. Goulding & Robert L. Goulding, Changing Lives through Redecision Therapy, Brunner/Manzal, 1979, p.87. 深沢道子訳、『自己実現への再決断』、星和書店、１９８０

*12 前掲書、３０２頁

*13 Karen Horney, Our Inner Conflicts, W. W. Norton & Company, 1945, p.116.

*14 Karen Horney, Neurosis and Human Growth, W. W. Norton & Company, 1950, p.81, 129.

*15 David Seabury, How to Worry Successfully, Little, Brown, and Company, 1936. 加藤諦三訳、『心の悩みがとれる』、三笠書房、１９８３、１８６頁

第3章

心の病はどう生まれる？

飲酒に溺れて墓穴を掘った
権力者の数は無数と言ってよい
――ハロルド・ラスウェル

都合のいいように世界を解釈してしまう病

投影とは、相手の何気ない動作を、自分の無意識からの願望にしたがって解釈することを意味する。

実際には自分は仮面をつけているが、自分は仮面をつけていないと思っている。**自分の心の底に抑圧した感情を他人に投影する人は、相手との間に適切な距離を取れない。**心が触れ合えない。それは、相手を非難することで自分の心の葛藤を解決しようとしているからである。しかもその非難は「しつこく」なる。

相手に絡みつきながら相手を非難する。それは相手が問題なのではなくて、自分の心の葛藤が問題だからである。自分を「いい人」と思いたいから起きる心理現象である。

自分に都合のいいことを言う人を信じてしまう。だから騙される。

親が子どものことを話す時も同じである。「あの子は幸せでした」と言う。「あの子は自由に育てました」と言う。

親は自分の心の必要性にしたがって子どもを解釈する。自分の心の葛藤を解決するための解釈である。

自己憎悪は楽しむ能力を破壊する。普通の人は他人の幸運を喜び、「運が向いてきた」と感じる。しかし、自己憎悪に悩んでいる人は、その「運が向いてきた」ことを喜べない。喜びを感じる能力そのものが、すでに失われてしまっているからだ。

これは、嬉しいか嬉しくないかという問題ではない。重要なのは、その喜びを感じる能力があるかどうかである。

自己憎悪の根底には、自己に対する深い嫌悪感がある。自分を憎んでいるからこそ、**他者の目を通して自己を評価してしまう。**自分を愛せない、許せない感情が他人への攻撃や反応につながるのだ。

「なりたい自分」を実現できない苦しみ

不安から否定的方法で逃げることで、いよいよ自己憎悪に陥る。「現実の自分」を受け入れられなかったことが、自己憎悪の原因となる。そして、現実否認によって意識と無意識の乖離が深刻になる。自己受容できないので、自己憎悪が生じる。

自己受容できないということは、自分を取り巻く現実を自分が受け入れられないということだ。

敵意と不安との相互関係は、実証済みの臨床的事実である。

不安が不安である限り、それはその人の問題である。しかし不安は敵意と深く関係する。そこで不安な人は周囲の人に影響してくる。不安な人と関わり合うと時に酷い目に遭う。臨床経験でごく普通に発見されることであるが、不安な人は多量の敵意を持つことがわかる。[*1]

例えば、「この会社で自分はもっと活躍したい」と思っているが、望むほど活躍できていない。そのため「現実の自分」を受け入れられない。そして活躍できていないのは、例のごとく「妬み深い上司がいるからだ」と考えてしまう。

「かくあるべき」の自分に執着することは、実際には現実の自分に対する深い憎しみから来ている。この**「なりたい自分」を実現できない現実に苦しみ、自己憎悪が生じる。**自己憎悪を外化することで、様々なトラブルが発生し、最終的に人間関係に悪影響を及ぼす。

カレン・ホルナイは、神経症者が自己憎悪の結果として抱える心理的葛藤をこのように説明している。彼らは悩み苦しみ、心の中で助けを求める。

しかし、彼らは他人に対して誤った感情を抱いており、他人が自分を憎んでいると錯覚している。良い人間関係を築くためには、まず相手を理解することが重要だが、外化する人はその理解ができなくなってしまう。

復讐なんてお門違いだ

自分が求めていることを外化するから、求められている気持ちになるのである。自分が求めていることを外化し、相手から求められているように感じる。そして、相手の求めに応じて相手に優しくしてあげなければ、相手の期待を叶えてあげなければと、圧力を感じる。外化の結果として**相手から圧力を感じる時には、相手の人格に触れてはいない。**

相手の人格に触れる時、相手からの圧力が解消されるのではなかろうか。相手の人格に触れるというのは、相手との間で気持ちが高まるということでもある。あの人は私とキスをしたがっていると言う人がいる。実はそう言う人がキスをしたがっている。

「精神病理学的に見て重症の人は、復讐はその人の生涯の目的になると言うが、それは復讐することがなくなれば、自尊心はおろか、自分が自分であるという感じが崩壊しそうになるからである」*2

この場合の復讐が、本当に何か酷い目に遭ったのならまだしも、そうでないことが多い。

例えば自分の愛する人を殺されたというのであれば、復讐が生涯の目的になるのは誰にでも理解できる。しかし、そうした事例ではなく、**自分が勝手に傷ついて、それで勝手に復讐しようと思う人もいる。**傷ついたその原因は、自分の甘えや神経症的自尊心、ナルシシズムである。

それなのに復讐を目的に生き始める人がいる。自分が何かで失敗しても、その失敗を認めることができず、責任転嫁をするしかない。「あいつが悪いからだ」と決めつけて復讐に走り出す人もいる。ネットで事実無根のことを書き立てることもその一例だ。歴史上のことで言えば、ヒトラーのユダヤ人虐殺も同じような心情から来ている。

自己憎悪に苦しむ人は、
自己憎悪を外化して
相手の価値を全否定することで、
何とか自分の心の平衡を維持しようとしている

暴力の外化はなぜ起こる？

１９７０年代に日本赤軍事件というのがあった。極左グループである。森の中で軍事訓練をしていた。新聞報道によれば車の運転で道路の溝にタイヤを落としそうになったとかいうことで、「革命の意識が足りない」と言って、運転していた人がリンチされたという。これなども、革命の幹部の自分への怒りの外化であろう。

同じことであるが、夫がすぐに怒り、妻に殴る・蹴るの暴力を働くという相談は、常にテレフォン人生相談に来ている。運転の仕方が悪いと、「人生を真剣に生きていない」と言って夫が暴力を振るうのだそうだ。

また、子どもをすぐに怒る母親がいる。自分が子どもに勉強を教えていて、子どもが算数の覚え方が悪いと言っては、子どもに折檻《せっかん》をする母親がいる。腹を立てて押し入れに子どもを入れてしまう、殴る、熱いお湯をかけるなどという母親がいる。これなども母親の自分自身への怒りが外化されたのであろう。母親は実際は自分に腹を立てているのである。その**自分への怒りを外化させている**。

ところが、もう一つ複雑なのが不機嫌という心理である。これは攻撃性を直接には表現できない時に表れる心理である。嫌われるのが怖い、見捨てられるのが怖い、対立するのが嫌だ、攻撃すべきではないなどの思いから我慢するからである。するといつも相手に怒りを感じながらもそれを表現できないでいる。それが重苦しい不機嫌であろう。

外化がなければ自殺が増える?

第2章でも触れたが、自己憎悪に苦しむ人は、自己憎悪を外化して相手の価値を全否定することで、何とか自分の心の平衡を維持しようとしているのである。

しかし、外化すれば皮肉にも他人依存は深まる。自分で自分が支えきれない。[*3] 自分で自分の苦しみを背負えない。「お前が悪い」と言うことでしか、苦しみを緩和できない。

否定する他人がいなければパニックになる。あるいはうつ病をわずらうなどする。パニックやうつ病などでもその場を解決できなければ、ついには自殺という選択に至る。だからカレン・ホルナイは、外化がなければ自殺が増えると言っている。[*4]

逆に、**外化された側が非難に耐えられなくなって自殺に追い込まれることもある**だろう。もちろん自殺に追い込まれると言っても直接追い込まれるわけではない。心理的に次第に弱まっていって最終的に自殺に至るのである。

ここで、外化の恐ろしいのは、外化する側に罪の意識がないということである。「お前が悪い」と言う親の側は、罪の意識なく罪を犯している。

不満から生まれる怒りっぽさ

現実の自分に満足していれば、人はそんなにいつも怒っていないし、いつも不機嫌な気分ではいない。**怒りっぽい人は、実際の自分と理想の自分とのギャップに苦しみ、実際の自分に怒っている**のである。

これは怒りばかりではない。不満も外化される。自分で自分に対して不満な人がいる。しかし、自分に対して不満であることを意識できていない。すると、一緒にいる人に不満を持つ。自分に対して不満なのに、妻に不満を感じる。自分の内面での葛藤を相手との関係において感じる。

会社で不愉快な思いをしている。会社の仕事が面白くない。自分は世の中の脚光を浴びる仕事がしたい。そういう自分であるべきなのである。しかし、実際の自分は会社でつまらない仕事をしている。実際の自分に不満である。

あるいは、会社では自分に適していないことばかりしていると思っている。机の前に座って書類整理の仕事をしているのが自分の性格に向いているのに、外回りの営業の仕事ばかりをしている。会社の人間関係が面白くない。虚勢を張っている上司にいじめられている。同僚に足を引っ張られている。それなのに戦えない。

そんな不愉快な職場の生活である。昔の学生時代の仲間は、もっと自分に適した場所で働いている。彼は自分自身に不満である。そのままの不愉快さで家に帰る。

なぜあの人はすぐにカッとなるのか

投影は、あくまでも自分の優柔不断を自分が認めていない時に起きる。

いつも世の中のことにカッカしている人がいる。あまり自分に関係のないことにまでカッカしている人さえいる。

なぜ、他人のすることにそんなにすぐに激しく怒るのか？　外が煩くて寝られない。すると、外にいる人に対して怒る。隣の家のピアノが煩くて頭に来る。隣の家の犬が煩くて殺したというような話がよく新聞などに出る。

もちろん多くの場合、確かに煩わしい。問題はその怒りが、煩わしさに対して正常な反応かどうかということである。

隣の家のピアノが煩くて仕事ができないというのなら、ある程度その怒りは納得できる。また、音楽が嫌いな人が不愉快に感じるのも納得できる。そのような怒りではなく、その音を聞くとカーッと頭に血が上るなどというのは、もしかすると自分に対する怒りが外化されているのかもしれない。

家庭でのプレッシャーが自己憎悪を加速させる

自己憎悪は、競争社会で強く影響を受けることがある。競争が激化すると、自分が社会の中で後れを取っていると感じる人々は、自己憎悪に陥りやすい。**特に、エリートや競争社会の勝者であることに価値をおくような家庭では、そのプレッシャーは非常に強く、自己憎悪が進行する。**

子どもは、親が期待する「成功した自分」になりたいと願い、その願いが叶わないと自己憎悪に苦しむことがある。家族が競争社会の価値観に強く影響されている場合、子どもは自分を「敗者」と感じ、自分の価値を見失ってしまう。こうした価値剝奪の過程は、子どもにとって大きな心理的なダメージを与えることになる。

自己憎悪が進行した結果、個人は他者に対して攻撃的な態度を取ることがある。社会での競争に敗れ、自己価値を見失った人々は、他者の価値を否定することで、自分自身の存在意義を証明しようとする。しかし、この行動は最終的に自分をさらに深い自己憎悪に追い込むことになる。

よく「ナルシシスト」という表現を耳にするだろう。外化を行うのが、まさにナルシシストである。「信じられない」という言葉は、「信じたくない」という願望の外化である。

お金を持っているのにノイローゼになる人たち

フロムが言うように、**人は他者との関わりなしには正常でいられない**。しかし、外化によって他人と関わる方法を失った人々は、虚無感を覚え、無意識のうちに他者に対する攻撃的な行動を取る。

こうした行動は、しばしば自分の人生の中で最も重要なものを見失った結果として表れる。家族や仕事、子どもが大切ではないという感覚が生まれ、嫌がらせを通じてのみ他者とつながろうとする。

このような状況は、特に隣人や同僚、親しい人との関係においても見られることがあり、嫌がらせをすることで自分の存在価値を感じようとする。結局、敵対している人だけが自分の人生に意味を与え、イライラを静めてくれる存在となるため、嫌がらせを止めることはできないのである。

大切な視点は、無意識の部分でどのような代価を払っているかということである。相手の関心を得て、尊敬を得たとしても、それ以上の代価を無意識の部分で払っていることがある。

人々からの賞賛を得たとしても、無意識の部分で代価を払っているため、お金や権力を持ちながらもノイローゼになる人がいる。

逆に、**お金がなくても権力がなくても楽しく生きている人は、無意識の部分で代価を払っていないからこそ、楽しく生きることができる**のである。

自分が自分を見下げていると、他人が自分を見下げていなくても、他人が自分を見下げていると感じる。これが「自己蔑視の外化の一番目」である。

自己蔑視の外化は、反動形成と考えれば理解できる。

「あいつは信じられないくらいバカだ」と批判する。「あんなバカっているんだね」と大声で言う。

本当にそう思っている場合と、反動形成で言っている場合とがあるだろう。

自分に自信がない。**自分で自分を蔑視している**。深刻な劣等感がある。しかし、それを認めたくない。そこでその感じ方を無意識に追いやる。

すると、それと正反対の傾向が強調されて表現される。つまり、反動形成である。

お人好しな人は損

「あいつは軽蔑すべき人間だ」という表現が外化である。

自分が自分を軽蔑すべき人間だと思っている。その自分についての感じ方を外側の人間を通して感じる。それが外化である。

「あいつは信じられないくらいバカだ」とか「あんなバカっているんだね」と大声で批判する。これが「理想の自分」と「実際の自分」の乖離の心理状態を外化する第一である。ナチスのユダヤ人虐殺などが、この実例である。虐殺は、ヒトラーの自己蔑視の外化であるとカレン・ホルナイは言う。[*5]

ゴードン・オルポートは投影を三つに分けている。直接的投影、ユダヤ人をサディスティックと言ったナチス党員がその一つの例である。

針小棒大投射とは、知覚的強調である。わずかなことをものすごいことのように言って批判する。他人の側にある性質を誇張する過程である。それは自分自身の無意識を映し出している。[*6]

お人好しと言われる人は、どこか自己蔑視しているところがある。

世の中で自己蔑視して無防備になったら、それは怖い。本当に怖い。裸で毒蛇がうようよしているジャングルを歩いているようなものである。

世俗の世界には、ずるい人が掃いて捨てるほどいる。**絶えず人を利用しようとしている人**がうようよしている。そんな世の中で無防備になったら、たちまち骨までしゃぶられてしまう。

だから現実にいじめられて自殺する人もいるし、過労死する人もいる。一生下積みの働き者がいる。能力があって働きづめでも、いつになっても貧しい人がいる。働いても働いても周囲の人に搾取されてしまい、いつになっても自分の家を持てない人がいる。それなのに、あまり働いていないのに立派なマンションに住んでいる人もいる。

働き者の弟が借家で、怠け者の兄が豪華な持ち家に住めることもある。ずるい人は誰からでも搾取する。親兄弟からも搾取する。

搾取する時の言葉が感情的恐喝である。つまり「兄弟なのに」とか「親子だから」と言って搾取していく。

シーベリーの名言に「血縁につけ込まれるな」という言葉がある。

無防備になったら、どんなに努力しても、どんなに頑張っても、生活は良くならない。それは人を利用して自分が得しようとしている人が世俗の世界には沢山いるからである。世俗の世界では人から搾取しようと虎視眈々としている人が信じられないほど多い。

怒りを外に向けても何も生まれない

新商品を出しても出しても、ヒットしない。それなのに、同業他社は次々とヒット商品を出している。そこで企画部長は焦っている。ヒット商品を出せない自分にイライラしている。

そこで部下の言動はもちろん、仲間や家族や果てはテレビの解説者の言葉にもイライラする。それが「怒りの外化」である。

書いても書いても、思ったように本が売れない。そこで大ベストセラーを書けない自分にイライラしている。するとまわりの人の言動にイライラする。自分のことを心配して、「仕事を少なくするように」と言ってくれる人にさえイライラする。自分の体のことを考えて忠告してくれる人にさえイライラする。

最後には会う人、誰に対してもイライラする。

本当のイライラの原因は、自分が書いた本が思ったように売れないということである。

それが続くと、今度は体調を崩す。だいたい**体調を崩す時とは、頑張っているのに思ったようにことが運んでいない時**である。

あるいはそのイライラを静めるためにイライラの感情を抑圧し、その結果、反動形成として表れるのが「増大する従順」である。「外で子羊、家で狼」という夫である（第5章で詳述）。

怒りの尺度にはどうして個人差があるのか

常軌を逸して怒る人がいる。**些細な犯罪を「死刑にしろ」などと主張する**のも、自分に対する怒りの外化であろう。女子高の先生が「女子生徒が男子と話していた」ということで、常軌を逸して厳罰にするなどというのも、その先生の自分に対する怒りの生徒への外化だ。

子どもが漢字の覚え方が遅いと言って折檻するなどというのも、親の自分に対する怒りの子どもへの外化で、先生が生徒に「宿題を忘れた」と言って体罰を与えるなどというのも同じであろう。

普通の人なら気にならない程度の、隣の家のテレビが煩くて寝られないなどというのも同じである。そのテレビの煩さに、どの程度怒りを感じるかである。誰でも隣の家のテレビは煩いし、不愉快である。ただそれが原因で怒り、ノイローゼにまでなるかどうかである。

要するに、極端な怒りには外化が関係していることが多い。

生徒が先生を非難する。自分のことを棚上げできる立場にいる生徒が先生を責める。

このように、投影して非難された人は反省する気持ちになるよりも惨めな気持ちになる。意気消沈する。非難された人は惨めになり、「自分はこのような立場にいてはいけないのだ」「自分はこのような立場にいる資格がないのだ」という罪の意識を持つ。

非難された人は不快な気持ちになる。決して「励み」にはならない。非難する人は相手を不愉快にさせることが目的なのである。杉田氏は[*7]、このような非難のカモにされる人は自己反省しやすい人だと言う。まさにその通りで、自己否定の人と他者否定の人との組み合わせなのである。

家族にイライラするのは、愛情欲求が満たされていないから

ある読者から手紙をもらった。

「私は36歳で主人と私の母と娘（中1）と暮らしていますが、家族の者が私の思い通りにならないととても腹が立つのです。例えば私がどこかへ行こうと言うと、『ウン、行こう!!』とすぐ賛成しないと気に入りません。また、家族の者が人に対して私の思うように接してくれないと腹が立ちます。主人に対しても完璧を求めてイライラします。

そのくせ自分は他人の目ばかりが気になります。相手の何気ない仕草で、その人の思っていることを自分なりに解釈してしまうのです。そして相手に合わせるばかりなので、人と会うとすごく疲れます」

イライラするのは、実は愛情飢餓感が激しい時である。愛情欲求が満たされていない時に人はイライラする。

睡眠不足でイライラする、疲れるとイライラすると言う。しかし、愛情欲求が満たされていれば、同じ状態でもそれほどイライラするわけではない。

愛情飢餓感が強いということは、「現実の自分」と「理想の自分」が乖離している心理状態でもある。

十分に愛されたということは、その二つの「自分」が乖離していないということである。この人は「家族の者が私の思い通りにならないととても腹が立つのです」と言っているが、そうではない。自分が自分自身に「とても腹が立っている」のである。

スキャンダルやデマを信じたいという心理

人々はなぜスキャンダルを信じるか？

それはその**スキャンダルを信じることで、自分の心の葛藤を一時的に解決できる**からである。スキャンダルを流す側も、信じる側も、抑圧と投影の心理過程の中で動いているのである。流す側も信じる側も、心に問題を抱えている。

デマも同じである。デマを信じる側の人には、信じるだけの理由がある。そのデマの内容を信じることで、自分の心の葛藤を解決しようとしているのである。デマを信じることで自分が一時的にせよ救われるから、デマを信じるのである。

自分はすぐに人のうわさ話を信じてしまうと思う人は、一度自分の心の底を正面から見つめてみることである。人は、心に応接間と禁断の裏部屋とを持っている[*8]。家に入るのには正面玄関ではなく、裏に階段が用意してある。他人の欠陥とか、不道徳についてののデマは、裏階段を上がってやって来る。

欲求不満な人にとって、「他人の欠陥とか、不道徳についてのデマ」は傷ついた心の癒やしの薬である。もちろん**本質的に癒やされるわけではなく、偽りの癒やし**である。麻薬と同じである。

＊１ Rollo May, The Meaning of Anxiety, W. W. Norton & Company, 1977. 小野泰博訳、『不安の人間学』、誠信書房、１９６３、１１５－１１６頁

＊２ Erich Fromm, The Heart of Man, Harper & Row, 1964. 鈴木重吉訳、『悪について』、紀伊國屋書店、１９６５、24頁

＊３ Karen Horney, Our Inner Conflicts, W. W. Norton & Company, 1945, p.117.

＊４ ibid., p.122.

＊５ Karen Horney, Neurosis and Human Growth, W. W. Norton & Company, 1950, p.117.

＊６ Gordon W. Allport, The Nature of Prejudice, A Doubleday Anchor Book, 1958. 原谷達夫・野村昭 共訳、『偏見の心理』下巻、培風館、１９６１、１２８頁

＊７ 杉田峰康、『こじれる人間関係』、創元社、１９８３

＊８ Gordon W. Allport and Leo Postman, The Psychology of Rumor, Henry Holt and Company, 1947. 南博訳、『デマの心理学』、岩波書店、１９５２、23頁

第4章

問題のある親と、生き方を知らない子ども

「完全であるべき」という基準は、
ずっと災いの元でした
——デヴィッド・シーベリー

子ども依存症の親の多さ

子どもをいじめている「子ども依存症」の親は案外多い。いじめていることに親たちは気がついていない。

どれだけ「現実の自分」と「理想の自分」の乖離が激しいかは、人によって違う。乖離が深刻であれば、例えば自分に対する怒りもまた激しい。

そしてこの乖離に苦しむ人は、真の意味での人間関係を築けない。家に帰属意識を持てない。「私たち」という感情が育成できていない。自分の内面の葛藤に気をとられているからである。

内戦をしている国が、他国と良い関係を持つことはあり得ないということを考えれば理解できるであろう。**心の葛藤に苦しむ人は、国で言えば内戦状態**である。外国のことなど考える余裕はない。

私の祖父は、日本の憲政確立のために生涯を捧げた政治家であった。祖母は妻としては百点満点に近い女性だったが、母親としては零点に近かった。

祖父は確か十二回当選したが、天下国家を論じるだけで選挙の苦労はなかったようである。祖母は選挙民のことは熟知しよく理解していたが、子どものことはよく理解していなかったようである。

つまり、私の父親は最悪の環境で成長した。**虚栄心ばかりが強くて、生きる力はまったくなかった。**他人を理解する力はまったくなかった。もちろん子どもを理解する力もまったくなかった。

素直になれない親の葛藤

始末が悪いのは、子どもが嫌いということを認めないことである。親は子どもを好きで「励ましている」と思っている。

「子どもが嫌いでしょう」と言うと、ムキになって「いえ、とんでもない、何でそんなことを言うんですか、子どもは大好きです、だから子どもを励ましています。子どもの将来が心配で」と言う。

しかし、一時も子どもの心を休ませない。常に内面から子どもを駆り立てる。駆り立て続ける。それは、親が自分の心理的葛藤を解決しようとするばかりで、子どもを見るゆとりがないからである。

親の内面的強迫性の外化である。

親からすれば、子どもをそのようにいじめ続けなければ自分の気が済まないのである。

こういう親は、自分が生き延びるために「子どもをいじめる必要性がある」。

そうするまいと思っても、そうしないではいられないのである。親自身がそうする自分を止めようにも止められない。それが親の内面の強迫性である。

親は子どもの心の自由を奪うことがある。父親がそのようなことをして、自分の心の葛藤を解決しようとすることがある。子どもは完全に心の自由を失い、他者への攻撃ができなくなる。親が理想の自分と現実の自分のギャップに苦しみ、絶えず自分を偉くしなければならないという焦りを感じ、その焦りを子どもに外化してプレッシャーをかける。

自分で自分の劣等感を解決できないで、子どもにプレッシャーをかけることで解決しようとしている。

深刻な劣等感の結果として、内的強制を感じている。その内的強制を外化する。それが他者にプレッシャーをかけるということである。

やさしく言えば、子どもにプレッシャーをかけている時が、親は心理的に一番自分が楽である。一番生きている。何をしている時よりも生きがいを感じる。

もちろん親は自分の心の傷を癒やそうとして、意識して子どもにプレッシャーをかけているのではない。無意識である。

抱えきれない劣等感を子どもに向ける親

もっと正確に説明すれば、親の心の傷が原因で、その結果が子どもへの期待である。親が子どもにプレッシャーをかけていると意識しているわけではない。**子どもがプレッシャーを感じてしまう**ということである。

このキツネタイプの親が子どもに「リンゴよりミカンの方が価値がある」という価値観を子どもに教え込む。しかし子どもはリンゴである。

けれども、子どもは自分がリンゴだったら価値がないから、周囲の人々に受け入れられないと思い込む。そこで子どもは「もっと頑張ればミカンになれる、もう少し頑張ればミカンになれる」と頑張る。その子どもは、自分の行く先はミカンでなければならないと信じている。そしてミカンになってみんなに受け入れてもらいたいと思う。

そのような歪んだ価値観を信じなければ、今のままの状態でも悩みなどなくなるのだが。周囲の人も「もっと頑張れ、もっと頑張れ」と励ます。そして**「もっと頑張れ、もっと頑張れ」と励ますことを愛と錯覚している。**そう錯覚して激励する大人たちの何と沢山いることか。親が理想的な自我像を子どもに強制しても、現実の子どもが変わることはないというのに。

例えば、身の丈に合わぬ相当高いハードルを設定されて、当然子どもには越えられないものだったが、親は理想とのギャップに苦しみ、さらに子どもに努力を無理強いする。その結果、「お前は駄目だ」と叱責されて、子どもは現実の自分を軽蔑し、実在しない、理想の自我像に向かって追い立てられる。

息子を憎むことで隠される母親の自己憎悪

自己憎悪は、しばしば他者に向かって表現される。

例えば、ある人が他者を憎むことで、その人の内面にある自分への憎しみを隠そうとする場合がある。「自分は悪くない、あの人が悪い」と思い込むことで、自己嫌悪から目を背けようとするのだ。

この心理は、しばしば無意識のうちに働く。

例えば、息子のことを「駄目な息子だ」と繰り返し言う母親がいる。その**母親は息子を責めることで、自分の心の中で抱えている自己蔑視を外に出している**のである。

息子を責めることで、心の葛藤から逃げようとしている。そのため、母親の依存は深まり、息子をさらに攻撃的に扱うことになる。

子どもを裁き、子どもにプレッシャーをかけることで親の心が癒やされる。子どもにプレッシャーをかけることで、親は自分の心の葛藤を解決しているのである。親の方は心の傷は癒やされる。難しく言えば、親の自己蔑視の外化である。子どもに向かって投影の非難をする親は、現実に直面できない。自分自身の心の葛藤に直面できない[*1]。

「アンタはバカじゃないわよ」と母親は言う。「やればできるのよ」と言う。これは子どもにはものすごいプレッシャーである。その理由は、母親が「アンタはバカじゃないわよ」と言いながら、無意識に息子をバカだと思っているからである。

母親からバカと思われた子どもは、自分をバカと思ってしまう。自分はバカという自己イメージを持った人が、頑張るのは辛い。同じように努力していても、自己イメージで「自分は賢い」と思っている人が努力している方が楽である。

自分はバカだと無意識に思っている子どもが、母親から頑張るようにプレッシャーをかけられ、「私はこうならなければいけない」と思い込む。その思い込みが子どもを苦しめる。

「頑張れ！」が子どもに励みではなく、逆にプレッシャーになるのは、「頑張れ！」と言う母親が子どもに結果を期待しているからである。

算数の成績が優になるとか、親戚の子よりも有名な会社に入るとか、何かを期待して「頑張れ！」と言うから、子どもにはプレッシャーになるのである。

プレッシャーをかける**親の方も、深刻な劣等感を持っている**。親の方も自分がなりたい自分になれなかったのである。しかもそのことを自分が認めていない。

例えば自分は、本当はバレリーナになりたかった。しかしなれなかった。そのことを認めていない。自分には才能がないと認めていない。そして「自分はバレリーナなどにはなりたくなかった」と無理に意識している。「自分はバレリーナなどにはなりたくなかった」と突っ張っている。

しかし、心の底では今でも「自分はバレリーナになりたかった」と知っている。そして、無意識には**自分には才能がないことを知っている**。

イソップ物語の「酸っぱいブドウ」の話である。キツネはブドウを取れなかった。そこで「あのブドウは酸っぱい」と言った。

このキツネタイプの親が子どもにプレッシャーをかける。何度も言うように、子どもにプレッシャーをかけることで、親は自分の心の葛藤を解決しようとしているのである。

子を非難することでしか生きがいを感じられない父親

いつの頃からか私は、父親は私を非難すること、責めること、いじめることで生き延びていられると、なんとなく思うようになった。それはカレン・ホルナイの外化の説明を読む大分前である。

「なぜそう思ったか？」と言えば、非難すること、責めること、いじめることがあまりにも執拗であったので、これは「普通の関係ではない」と感じたからである。何か命懸けで私のことを非難していると本能的に感じたのである。命懸けでなければ、これほど執拗に私を責めることはあり得ないと感じた。普通のいじめとは真剣さが違った。まさに「命懸け」であった。

息子を責めるか、自分が死ぬかの真剣さを私は感じた。息子を責めるか自分が生き延びるかの二者択一の中で、まさに**死に物狂いで生きている真剣さ**が私に伝わってきた。

息子を責めるか、自分が死ぬかの必死の足掻きが長く続いた。長く続いたところで、私はカレン・ホルナイの外化の心理的概念に出合った。その時「やっぱり」と納得した。私が納得するような「外化と投影」の説明に驚いた。

私の父親は、私を責め苛むと意図したのではなく、ただ自分が生き延びる唯一の道が息子を責め苛むことだったのである。自分の命を救おうと必死になることが、残念ながら心理的には自分の子どもを責め抜くことだった。

子どもにプレッシャーをかけることで、
親は自分の心の葛藤を解決している

臆病な父親は他人の臆病さに救われていた

父はたいへん臆病な人間であった。しかし、自分が臆病であるということがどうしても認められず、「自分は臆病である」という感じ方を抑圧していた。

そして、臆病という性格要素を他人に投射した。つまり、**他人の中に臆病な点を見つけて、それを軽蔑することで自分の心の葛藤を解決していた。**

私は、些細な点まで臆病であることは許されなかった。父はどんな小さな点でも、私の臆病なところを鋭く見つけては、それを軽蔑、非難することで、自分の心の葛藤を解決していた。

母親は自分の感情のイライラから嘘をついた子どもを責めていても、母親自身は自分が正しいと思っている。「嘘をついてはいけない」というのは正しいことだからである。言葉だけを取ると母親の言うことは間違っていない。

しかしこれは、母親が自分のイライラや不満を弱い者へ当たることで晴らしているに過ぎない。子どもを自分のイライラのはけ口にしている母親は、子どもが嘘をついていたことを責めているのだが、嘘をついたことが叱責の真の原因ではない。これは口実であって、その根本原因は母親の心理的なイライラである。母親は自分の不満のはけ口を、子どもの嘘を叱ることに見つけたのである。

母親は自分より弱い者に因縁をつけ、叱責することで自分の苛立ちを静めようとしている。

ラジオのテレフォン人生相談に、「私は正しいことしか子どもに言わなかったのに、子どもが心理的におかしくなった」とか「非行に走った」とか、憤慨して電話してくる父親がいる。

良い言葉を使っていても、心が触れていない親子では教育ができないのと同じように、親が正しいことを言っていても心が触れていない親子では教育ができない。

教育での問題は、言っていることの内容の正しさではなく、なぜその正しいことを言うのかという動機が大切である。

子どもが嘘をつくのはストレスが大きな原因であろう。子どもを責める親は嘘をついた時に嘘をついたという事実に重点を置きがちであるが、「なぜ嘘をついたか？」という動機を考えない。

そして子どもの嘘の動機を考えない親は、同時に自分自身の叱責の動機も考えない。

嫉妬深い感情をどう消化するか

ケチと非難している人が一番ケチ。臆病である自分を認められなくて、他人を臆病者だと責める。投影している人は、自分は臆病ではないと人々に思われていると思っている。しかし実はほとんどの場合、周囲の人々はその人が臆病だと知っている。

自分が嫉妬深い人間だと認められない。そこで、ある人を見つけて「あの人は嫉妬深い」と非難することで自分の心の葛藤を解決する。その**無意識にある嫉妬深さが、自分ではなく他者にあると見なすことが投影**である。

もともとは親が、自分自身を理想の自我像へと駆り立てている。そうなれない時に、すでに説明したように自分を軽蔑するとか、自分に怒りを感じるとか、内的強制に苦しむ。

その内的強制を子どもに外化する。親は自分自身を軽蔑して外化しているから、子どもに理想を要求し続けていなければ親自身の気が済まない。

もともとは自分が大政治家になりたかった、もともとは自分が大学者になりたかった、いや「なりたかった」のではなく、「なるべき人間」であった。「ならなければならない人間」であった。

親は、現実の自分をその「なるべき人間」に向かって駆り立てていたのである。でも無理だった。「現実の自分」は「理想の自分」ではなかった。

その「現実の自分」に対する内面の怒りを子どもへと外化した。そこで今度は、子どもを駆り立てていなければ親の気が済まない。

借金をすると、気になって仕方ないという人がいる。早く返さないと気が済まない。そんな、まるで借金の返済みたいに子どもを駆り立てる。これこそが、自分への怒りの表現としての内面的強迫性を子どもに外化するということである。

理想の自我像には親の期待が影響する

理想の自我像は親の期待の内面化である。親は非現実的に高い基準で子どもを批判した。大人になっても他人が親と同じような高い基準で自分を批判していると思う。批判的な目で自分を見ていると思う。

それは自分の中にある「他者のイメージ＝親」を外化しているに過ぎない。現実の他人を見ているのではなく、他人を通して自分の中にある他者のイメージを見ているに過ぎない。

親はいつも子どもである自分を責めていた。

だから**大人になっても他人から責められていると思う**。そして他人に気が引ける。

よくやっているのに自信がない。ものすごい業績を上げている一人前のビジネスパーソンなのに批判されると思っている。

自分はスーパーマンでなければいけないと思う。スーパーマンでなければ批判されるといつもビクビクと人を恐れている。スーパーマンである「べき」という親の要求を内面化し、それを他者に外化して、人は自分にスーパーマンであることを要求していると思う。

人は、自分がスーパーマンでなければ受け入れてくれないと、一人で勝手に思い込む。燃え尽きる人がそうである。そこまで頑張る必要はない。しかし燃え尽きる人は、そこまで努力して**スーパーマンでなければ人は自分を認めてくれないと、一人で勝手に思っている。**だから倒れるまで働くのである。

自身への怒りを子にぶつける親

自分が自分自身に怒っているのが親である。子どものすることが気に入らないのではなく、親が自分自身を気に入らないのである。

実は幼少期、少年期、青年期にかけて私を苦しめたのは、この親の外化である。父親はいつも自分自身に対する怒りを持っていた。そして私に外化していた。Externalization of rage at oneself そのものである。

夫の優柔不断を責める優柔不断な妻がいる。自分の優柔不断に耐えられない。その自分自身に対する怒りを夫に向ける。「どうして決断できないのだ」と自分が自分にイライラしている。そのイライラを相手に向ける時の心理が外化である。

妻が優柔不断な自分にイライラしている。妻は強い自分が理想である。その時に夫の優柔不断な態度を見て、優柔不断を責めるのは外化である。*2

先日、食事が遅いといって殴り殺された三歳の子どものことが新聞で報道されていた。これは極端な例であるが、今の時代、不当に親に責められる子どもは多い。子どもがストレスが原因だったり親から愛されるために嘘をついた時でさえ、「嘘をついた」と子どもを責め苛む親がいる。酷い親になると「私を騙した」と言って、子どもを責める。

子どもがテストを返してもらった。しかし成績が悪かった。子どもは母親に理想の子を演じたかった。そこで子どもは「まだ返してもらっていない」と嘘をついた。悪い成績で母親から責められるのが嫌だったからである。駄目な子どもと思われたくなかったからである。

嘘がわかった時に「あなたは嘘をついた！　私を騙した！」と言って、小さな子を叩いた母親がいる。これは親の感情のはけ口としての体罰だから、最も子どもの心を傷つける。**躾《しつけ》の体罰ならまだいいが、親の感情のはけ口としての体罰は子どもを恐怖に追い込む。**

子どもが、自分が嫌がることをわざとした。自分の面白くないことをわざとした。そこで「この子は私を、親とは思っていない」「私をバカにしたな」と叩く。この子が許せないという感情から、子どもを肉体的に罰する。体罰は動機が問題である。

人は自分を受け入れる程度にしか他人を受け入れられない

「人は自分を受け入れる程度にしか他人を受け入れられない」という考え方がある。人は理想の自我像と現実の自分とのギャップに苦しみ、その結果、自己蔑視や怒り、内的強迫性が生まれる。これが他者へのプレッシャーとして外化され、他人を軽蔑したり怒ったりする原因となる。自己へのプレッシャーを解決するために、外的プレッシャーをかけることになる。

理想の自我像を実現しようとするあまり、子どもは「もっと、もっと」と焦り続ける。どんなに努力しても終わることのない「もっと」が続き、理想に近づいても、その距離はさらに開いていく。これは強迫性であり、親の劣等感が外化された結果だ。親は自分の理想の自我像を実現できなかったため、その劣等感を子どもに押し付ける。

親が理想の自我像に苦しんでいると、その苦しみを解決するために子どもに過剰な要求をすることがある。

例えば、スポーツが不得意な子どもにオリンピックに出場しろと言ったり、勉強が不得意な子どもに東大に入れと強制する。しかし、現実の子どもにはそれができないため、「お前は駄目だ」と責められることになる。

このような親は、子どもに対する内的強制を外化し、子どもがいなくなるとその外化ができなくなる。

子どもなしでは生きていけない、という依存的な状態に陥ることがある。子どもが嫌いでも、子どもが理想的でない場合でも、**子どもを手放せないのが親の依存症**の一つの例である。

＊1 Karen Horney, The Neurotic Personality of Our Time, W. W. Norton & Company, 1964, p.158.
＊2 Karen Horney, Our Inner Conflicts, W. W. Norton & Company, 1945, p.121.

第5章 人はどこで人生を間違えるのか

精神病理学的に見て重症の人は、
復讐はその人の生涯の目的になると言うが、
それは復讐することがなくなれば、
自尊心はおろか、自分が自分であるという感じが
崩壊しそうになるからである
——エーリッヒ・フロム

なぜなんとなく不満なのか？

自分が自分に不満な時に、学校に不満になる、社会に不満になる。自分に対する不満を、外側のものを通して感じる。

「なんとなく不満」というような具体性のない不満は、自分に対する不満の外化である。

自分自身に不満を持っている人は、仕事にも不満。仕事を通して自分に対する不満を感じる。

生涯教育などで、「教室が悪い」と不満な受講生がいる。何度教室を替えても同じことである。その人の自分への不満が教室を通して表れているに過ぎない。

単純化して言えば、基本的欲求が満たされていないから、教室に不満になっただけである。

幸福論はどちらが正しいというものでもない。

ただ、幸福論ではボトムアップの方がわかりやすい。しかし、それは正しくないということである。

その人が幸せだから「生きていれば良いことがある」と言う。

良いことがあったから幸せなのではない。

理想の自分と実際の自分

「理想の自分」と「実際の自分」の乖離とは、別に難しいことではない。
眠れない夜に「あー、何があってもぐっすりと眠れるような人間になりたい」と思う。**眠れないまま明日の仕事の大変さを想像して苦しむ。**そして「早く眠ろう、早く眠ろう」としながら、眠れない自分にイライラする。これが「理想の自分」と「実際の自分」の乖離である。

何があってもぐっすりと眠れるような「理想の自分」になりたいと思う。
そして朝になると、寝不足で体が「ぼおーっ」としている。「あー、すっきりとした体で働きたい」と思う。「何で自分はこんな些細なことで眠れなくなるのだ」と自らの気の弱さを嘆く。

しかし世の中には神経質な人もいれば、何があっても動じない図太い人もいる。そこで「あー、あいつのように何があってもぐっすり寝られるような人間になれればなー」

と自らの弱さを嘆き、図太い神経の友人を羨む。

「こうなりたい」という自分が「理想の自分」であり、「何で自分はこうなんだ」という自分が「実際の自分」である。

仕事をしても運動をしても、すぐに疲れてしまう。すると「あー、もっと体力があったらなー」と嘆く。「もっと体力があればもっと仕事ができるのに。そうしてもっと良いポストが得られるのに。もっと高い給料がもらえて、もっと快適な生活ができるのに」という嘆きの連鎖は止まらない。

なぜかリラックスできない人

「こうなりたい」という願望があまりにも強くて、「理想の自分」への執着を捨てられない。どうしても「実際の自分」を受け入れることができない。

思うように勉強に集中できない。そこで「もっと集中しなければ、集中しなければ」と焦る。**仕事の成果が思うように上がらない**。

すると「あー、もっと成果を上げなければ。もっと成果を上げなければ」と焦る。焦ってもどうにもならないのだが、焦る。でもどうしようもない。自分でも「焦っていても、どうにかなるものではない」と頭ではわかっている。しかし、気持ちは焦っていよいよ仕事が手につかなくなる。それが強迫感である。

そしてこの強迫感が、不安な緊張と言われるものである。人がリラックスできないのは、この強迫感があるからである。「リラックスしよう、リラックスしよう」としても内的に強迫されているからどうしてもリラックスできない。

おそらくそこまで「こうなりたい」という願望が強いのは、小さい頃に深く心が傷ついているからだろう。その**小さい頃からの心の傷を、名声とか権力で癒やしたい**のである。深く心が傷ついていなければ、そこまで「理想の自分」に執着しない。

「理想の自我像」というのは、実は「愛されるための自我像」なのである。

「ノイローゼの人は、自己実現するよりも理想の自我像の実現にエネルギーがシフトする」というカレン・ホルナイの言葉がある。これは、ノイローゼになると、自己実現よりも愛されるためにエネルギーを使うようになるということである。

つまり、自己実現するよりも、理想の自我像の実現にエネルギーがシフトする人は、愛されていない人である。

自己蔑視している人にいくら親切にしても、それを親切と受け取ってくれない。誠実な態度を、誠実な態度と受け取ってくれない。

自己蔑視している人のまわりには、はじめからずるい人だけがいたわけではない。自己蔑視している人が、ずるい人だけを自分のまわりに集めてしまったのである。

とにかく一所懸命働いて、真面目に努力して、それで何も良いことがない。「辛いばかりの人生だ」と言う人は、**自分の心の底をしっかりと覗いてみる**ことである。

私は愛されるのに価しない、のか?

もともとは優しい人である。ボロボロになるまでは心の優しい人である。

従って自己蔑視している人は、はじめからずるい人に囲まれていたわけではない。

誠実な人の本当の友情を感じる心のゆとりがなかった。自分などに本当の友情を感じる人はいないと思い込んでいたのである。

ほかならぬこの自分が愛されているという感覚がなかった。まさに「ほかならぬこの自分が愛されていた」ことも沢山あったのに。

しかし、それをそのように感じることはなかった。そう感じるにはあまりにも自己蔑視が酷かった。

これからは、新しい情報に対して心を開くことである。このような心の姿勢をエレン・ランガー教授はマインドフルネスと呼んでいる。

「私たちはあなたを好きです、あなたは魅力的な人間です」というような情報はあったに違いない。しかし、自己蔑視している人の心は開かれていなかった。

マインドフルネスな人の方が、人生のトラブルは少ないという。その通りだと私も思う。

とにかく今までに「あいつは良い奴だな」と思った人がいた。しかし、自己蔑視している人は、そのように受け取らなかった。

自己蔑視している人は、もともとは心の優しい人である。優しいがゆえに、心の葛藤を持っている人たちのマイナスの感情のはけ口として狙われた。

そして心をボロボロにされた。

自己無価値感に苦しむ人は、優しい人に恩を着せる。

「お前のような人間でも、私は愛してやるから私に感謝しろ」と感謝を強制する。

その結果、優しい人は「自分は愛されるに価しないのだ」という自己イメージを持つ。

そういう自己イメージを持ったら、真の友情であっても、それを真の友情とは受け取れなくなる。

しかし、「ほかならぬこの自分が愛されていた」のである。

そして真の友情を「信じられない」という体験が続くと、いつのまにか「信じられない」という知的な認識から「感じられない」という感情的体験になる。

真の愛情を真の愛情と感じられなくなる。**真に愛されても、真の愛情を感じる能力がなくなる。**

「今日は秋晴れで本当に気持ちが良い」と頭でわかっても、「気持ちが良い」という感覚がない。

自分が自分を軽蔑してしまった原因はどこにあるのか？

「自分は愛されるに価しないのだ」といつから感じ始めたのか？

自分が嫌いだから相手を責める

人は欲求不満な時ほど、相手を悪く解釈する。また、相手に不快な感情を味わう。相手そのものが不愉快な存在というわけではない。自分が自分自身にとって不愉快なのである。その不愉快な感情を相手を通して感じているのである。

自分を嫌いな人は相手を責める。それが外化である。**自己嫌悪をしている人はよく人の悪口を言う**。これらも外化であろう。悪口を言うことで、自分の心の葛藤を解決しようとしているのである。そこに気がつかないかぎり、その人にはなかなか幸運の女神は微笑まないであろう。明るくなれないからである。「笑う門には福来たる」ということわざに隠されている真実がある。

私は、『Negaholics』というタイトルの本を訳したことがある。ネガホリック、すなわち「否定依存症」である。

否定依存症の人は、何でもかんでも否定しないと気が済まない。確かにこんな人はいる。いつも不平を言っている。いつも不平ばかり言う人を、この本では、言語ネガホリックと呼んでいる。

そしてこのような人は、基本的に実際の自分を否定している人なのである。実際の自分を否定している心理を外化しているのである。だからこのような人といると「やる気」を失う。

そして、何でもかんでも否定して不平を言っている人は、自分の心の中で起きていることに気がつかない。相手のすることに腹を立てて非難しているが、実は違う。実は自分自身を非難しているに過ぎない。自己否定の心理を外化しているのである。

何かいい計画があれば、すぐにその実現の困難さを得意になって述べる。人を見ればその欠点に全神経を集中して批判する。会社の人事でも大学の人事でも、このような人はすぐに反対する。凄く高い基準を持ち出して反対する。すべて**自分を偉く見せるために反対をしているに過ぎない**。そのくせ本人はいいかげんな仕事しかしていない。

このような人が先生になると生徒は悲惨である。やることなすこと批判をされて、生徒はやる気を失ってしまう。教育者としては最も不適格な人である。

先生自身は生徒に腹を立てていると思っているが、実は先生は自分自身に腹を立てているのである。自分はもっと素晴らしい大学で教えるべき教授であるとか、自分はもっと高度なことを教えるべきであるとか、思っている。もっと高い地位に憧れている。現実の自分の低い地位に不快感を持っている。その自分への蔑視や、怒りが生徒へと外化される。

こう書いてくると、**否定依存症は親から子へと遺伝する**ということが理解されるであろう。親が否定依存症で、それを子どもへと外化するとどうなるか。子どもは常に親から批判されていることになる。「何でお前はそんなに駄目なんだ」といつも非難される。とんでもない高い基準で子どもは激しく批判される。

もし子どもが、ここで親からの愛情を求めているとどうなるか。親の要求する理想の自分になろうとする。その自分こそ理想の自我像である。そして、現実の自分に対する蔑視が心の中にしっかりと根を下ろす。

愛情飢餓感が強ければ強いほど、親への同一化は完璧に行われる。つまり、理想の自我像はしっかりと心の中に根を生やす。ちょっとやそっとのことでこの根は掘り起こされないほど深く心の底まで入り込んでいる。かくて生涯この人は自分に対する怒りに苦しみ続ける。

なぜ外で子羊、家で狼になるのか？

自分が自分自身の欠点に怒っているのに、他人が自分の欠点を怒っていると思う。だから他人を恐れる。それが、自分の弱点に対する自分自身の怒りである。そして、この自分の弱点が相手を怒らせないかと恐れているのである。

つまり**自分に対する自分自身の怒りは、自分に対する神経症的要求が通らない時に生じるもの**である。それは完全で理想的でない自分に対する自分自身の怒りである。

自分が自分自身の欠点に怒っているように、他人も自分の欠点を怒っていると思う。

自分が自分自身に課した基準を、他人も自分に課していると思う。

小さい頃は本当にすごい基準を課せられていた。例えば、父親が自分に高すぎる基準を課した。

大人になっても、周囲の他人は同じように自分に高すぎる基準を課すと思う。同じように自分の弱点に怒ると思っている。そこで他人を恐れる。

父親が子どもである自分に、高すぎる基準を課した。大人になっても、他人は同じように自分に高すぎる基準を課すと思う。そこで他人を恐れる。

その結果が増大する従順である。

従順が増大すればするほど、その人は自己主張することはできなくなる。

これが母親固着の第二段階である。

問題はこのような男性は、妻が自分に立腹しはしないかと常に恐れているというフロムの指摘がある。つまり、この男性は心の底で妻が怖いから、妻の「言いなり」になる。

彼は妻から愛と保護と確実性を求めながら、妻を恐れている。

そして**妻の言いなりになりながらも、無意識では反発している**。しかし、その結果罪悪感におそわれ、そして一層従順に服従するだろう。[*1]

ところでこれがカレン・ホルナイの言う増大する従順（Increased compliance）である。

アーロン・ベックは増大する依存性という表現をしている。[*2]

できる。

ところで、この外化の心理から「外で子羊、家で狼」という夫や子どもの言動も説明できる。

外ではあそこまで人にペコペコと迎合するのに、いったん家に帰ると、何でここまで横暴になるのかという疑問である。昔から内弁慶という言葉があった。

カレン・ホルナイによると、**自分に対する自分自身への怒りは、第一にイライラとなって表れる。第二が怯えであり、第三が身体の不調である。**

外では第二の特徴の「怯え」が表れ、従順になる。

家では第一の特徴の「イライラ」が表れている。

家では怒りが外に向かって表れ、いつもイライラしている。

外では、自分の弱点が相手を怒らせるのではないかと恐れて、いつもビクビクしている。そして何でもかんでも相手の言うことに「そう、そう」と言って迎合していく。

外では従順な子羊になることで、相手の怒りから自分を守ろうとする。

狼も子羊も「自分自身への怒り」の外化という同じコインの表と裏なのである。

ところで、日本には想像以上にこのタイプの夫は多い。ラジオのテレフォン人生相談をしているとわかるが、妻からのこの種の相談は、実に沢山寄せられるのだ。
また家庭内暴力をする子どもも、同じように外では子羊であったりすることが多い。

いつもイライラしている人の共通点

車を運転していて、信号がいつも都合良く青でないとイライラする。なぜ、そんなどうでもいいことに、それほどイライラするのか？　本人自身も、そのような些細なことにイライラしたくないと思っている。平気でいられる人を羨ましくも思っている。そして、そのように気持ちが落ち着いた人間になりたい。

しかし、いくら努めても些細なことに対するイライラは消えない。それはそのイライラの原因は、実は現実の自分に対する自分の怒りだからである。

人が少しでも自分の思うように動かないとすぐにイライラする。それはその人にイライラしているようである。しかし、実はその他者にイライラしているわけではない。**現実の自分に対する怒りを、他者の振る舞いを通して感じているに過ぎない**。だから世の中の動き一つ一つにいつもイライラしている人がいるのである。

それは外のことについてばかりではなく、自分に対する要求についても同じである。床につけば、すぐに寝付けないとイライラする。自分に対する要求がむちゃくちゃなのである。叶えられるわけがない。自分に対する非現実的な要求は通らない。そこで自分に対する怒りが生じる。それが自分で自分を受け入れないということである。

人の悪口で元気になる人

先に述べたように、自分自身への怒りがさらなるイライラとなって表れる時と、他人が自分の弱点に怒るのではないかという「怯え」となって表れる時と、最後にここでいう肉体的不調となって表れる時があると、カレン・ホルナイは言う。

つまり、体が何となく不調だったりするという表れ方をすることもあれば、特定の箇所に表れたりすることもある。

自分自身に対する怒りであれ、他人への怒りであれ、怒りを抑えていると様々な肉体的な不調となって表れる。

そういう人は、まず怒りの行動をしたいのである。憎しみを表現したい。ところがそれができないから、他のこともできないのである。

会社に行くことを考えてみよう。

他に楽しいことがなければ、人々は当たり前みたいにして会社に出かけていく。別に朝「嫌だなー」とも思わない。

しかし、ものすごく楽しいことがあるとする。素敵な恋人からその日に旅行に誘われている。それなのに会社に行かなければならないとしたら、会社に行くのが「嫌だなー」と思うのが当たり前である。

もしその楽しいことが、楽しいを超えて、「しないではいられないこと」だったらどうなるか。しかも、その「しないではいられないこと」をしないでいるのである。

そうなったら会社に行くのが「嫌だなー」では済まされない。もう会社になんて行けなくなるかもしれない。

その「しないではいられないこと」が憎しみを晴らすことなのである。

何もできないが、**憎しみを表現することになると異常に元気になる**。例えば、哀れみの訴えである。何度も言うように、哀れみの訴えは間接的な憎しみの表現である。

また人の悪口である。人の悪口を言うとなると、ものすごく元気になる人がいる。今までの落ち込みが嘘のように元気になる。

けしからんのは自分自身

なぜ外化をするのか？

第1章の冒頭で述べたことに再び立ち返る。

もっと認められたい。しかし自分は期待した通りには認めてもらえない。**認めてもらえなくて自分が自分自身に不満である。**

時には「認めてもらいたい」という欲求から「認めてもらわなければならない」という必要性にまでなる。

「認めてもらわなければならない」のに、認めてもらえなければ焦る。思うようにならない自分を自分が憎む。

自分は自分が望むほど業績を上げられない人間である。しかしそのことを認められない。自分はよく働く人間でない。しかしそのことを認められない。

自分は自分で事業を始められない。でもそれを認められない。

そうなると、その証拠を出さなければならない。

そこで「わがままな部下」とか「妻」とか「息子」とか「娘」とか、色々な原因を言わなければならない。

その時にその原因となる人たちに、自分の心の中のものを外化する。

自分の中のわがままな気持ちを自分の部下に外化して、部下がわがままだと言う。要するに、業績を上げられない自分を憎んでいるのだが、わがままな部下がいるから自分は業績を上げられないとなる。

「けしからん」のは自分自身なのだが、周囲の人に向かって「けしからん」と叫ぶ。

投影も相手を非難するが、投影には自分の良心を癒やすという目的がある。

投影とは自分の中の認めがたい抑圧した感情が、ある外的な対象に所属すると見なすことである。そして相手を非難する。

自分が臆病者であることを心の底のその底では知っている。しかし、自分が臆病者であることを認めることができない。

そして、相手に臆病者という性質を付与する。

相手を「臆病者！」と批判するが、それは自分が臆病であるということの良心の呵責を癒やすためである。

相手を「臆病者！」と批判することで、その心の葛藤を解決しようとしている。

辛辣さは、自己嫌悪のせい。自分について不安だと、親しい者を非難するようになる。

痛烈な言葉は、良心の呵責を感じているからである。[*3] 他人のせいにすることで自分が天使のように清らかだと思う。[*4] 内集団への忠誠心と外集団への軽蔑とには相互作用がある。[*5]

外化には良心を癒やすという目的はない。外化は「相手をやっつける」ための非難である。**相手を倒すために「卑怯者！」と非難するのが、外化**である。

投影も外化も、相手にない性格を相手に付与するという点は同じである。

人は欲求不満な時ほど、相手を悪く解釈する

自分の不幸の身代わりを探すな

ヘブライ人の有名な儀式がある。高僧がある羊を選ぶ。羊を生け贄《にえ》にする。羊に懺悔《ざんげ》する。そして清浄感を味わう。

古代から根強くある考えである。

われわれは、もともとわれわれ自身の中に存している恐れや怒りや煩悩を他人の中に見る。自分の不幸を自分のせいではなくて、他人がその責めを負うべきだというのである。[*6]

要するに、自分の不幸の身代わりを探す。他人のせいにしたい。ベラン・ウルフは、このように**身代わりを探すことはノイローゼの特徴**と言っている。その通りであるが、そのノイローゼが見分けにくい。

一見普通の市民の顔をしている人が、自分の不満の原因の身代わりを探す。そして「あの人」が悪いと叫び出す。

その時に選ばれるのが、たいていは弱い人である。責められても、抵抗しない人を責める。非難罵倒しても抵抗しない人を選ぶ。

生け贄の羊に選ばれた人がノイローゼになる。何の理由もなく非難罵倒されるからである。心理的に病んだ人の犠牲になる。

ある人を「悪い人」と決めてしまえば、その人への攻撃は正当化される。

会議などでよく**「お前は嘘つきだ」と非難する人は、その人自身が嘘つきということが多い**。自分が嘘つきなのである。

「私は公正です」と言うと、カーッとなる。

あえて突かれたら腹が立つ。

自分がいつも卑怯なことをしているから、人に対して「卑怯な手を使って」と言う。

自分がいつも時間的にずるいことをしているから、より早く連絡をさせるために「前の晩に知らせを入れて」と言う。

自分が搾取タイプの人だから、人のすることをすぐに「あなたは人を搾取する」と言う。

いつも時間稼ぎをしているから、人のすることを「時間稼ぎをしている」と思う。そして「卑怯な手を使って」と言う。

そのような手を使ったことのない人は、相手が卑怯な手を使っているとは予測しない。

相手を確信犯と思うのは、いつも自分がそうしているからである。

ある家の奥さんが引っ越して来るなり、隣の家を指さして「この家は違法建築よ」と騒ぎ出した。「少なくとも三箇所の違法がある」と道の真ん中で騒ぐ。

もちろんその家は違法の建築ではない。確認申請をして、きちんと建てた建築法上何の問題もない家である。

あまりにも騒ぐので、不審に思った隣の家のご主人が調べてみたら、騒いでいる家が違法建築であった。

最初の申請は、違法ということで確認申請が下りていない。

騒いでいる家の奥さんは、自分の家が違法建築だということを認めていない。

しかし、**無意識の領域にはそのやましさがある**。そのやましさを抑圧して、それを隣の家に投影して隣の家を「違法だ、違法だ」と騒ぐことで、心の葛藤を解決しているのである。

欲求不満から攻撃的になる

毎日、欲求不満で、攻撃的になっている人がいる。来る日も来る日も人の悪口を言っている。

来る日も来る日も、相手をやっつけることばかりを考えている。

そうした人の心は地獄で生きている。

穏やかな人は、欲求不満な人ではない。よほど情緒的に成熟した人でないかぎり、普通の人は欲求不満になればどうしても攻撃的になる。相手の悪口を言いたくなる。

相手の幸せが許せなくなる。幸せな人を妬む。

妬みは受け身的攻撃であるというが、まさにである。直接相手に殴りかかりはしないが、心は同じである。心は相手に殴りかかっている。

従って相手の不幸がたまらなく嬉しい。

受け身の人が欲求不満であればあるほど、妬みの気持ちは激しくなる。

それだけに嫌がらせも激しい。例えば、根拠のない噂を言いふらす。陰で意地悪をする。

そしてこういう欲求不満な人ほどデマを信じる。

こちらから悪口を言いふらさなくても向こうからデマという美食が来るのだから、飛びつくのは当たり前である。

子どもが社会的な問題を起こす、親は困る。子どもが不登校になる。親は困る。

そんな時に、自分の心の問題に直面するよりも、夫は「お前の育て方が悪い」と、妻を責めている方がはるかに心理的に楽である。

妻が優柔不断な自分にイライラしている。もっと強くあるべきだと思っている。その時に夫の優柔不断な態度を見て、優柔不断な夫を責める。

投影は、あくまでも自分の優柔不断を自分が認めていない時に生じる。**自分の実際の感情を抑圧している時**である。

相手を束縛したいという願望を抑圧して、相手が自分を束縛しようとしていると投影して、相手を誤解する[*7]。

なぜ他人を決めつけるのか？

「あの人は優しい親切な人だ」「あの人は冷たい人だ」「あの人は無能な人だ」「あの人は意地悪な人だ」と人を決めつける。それは、自分の側にその人をそのように決めつける心理的な必要性があるからである。「あの人は酷い人だ」と決めつける。それは自分が正しい人間であるためには、その人が「酷い人である」ことが必要だからなのである。

自分はいつも正しくなければ、気が済まない人がいる。ナルシストのような人がいる。批判されると心理的に混乱する。そんな人が人から批判されたらどうなるか？「あの人はまったく無知な人」と決めつけなければ、自分が持たないであろう。

自分が**みんなから賞賛されたい、いや賞賛される心理的必要性がある**。その時に、ある人が自分を批判する。そこで「あの人は酷い人だ」と決めつける。つまり、自分の神経症的自尊心を満足させるためには、「あの人は酷い人」である必要がある。

「あいつは愚かだ」と決めつける。それは「あいつが愚かである」ことが自分の神経症的自尊心を満足させるからである。

逆に、自己消滅型の神経症者だとする。すると、彼には誰かが偉大な人間である必要性がある。**その人に自己を同一化して、それによって自分の無力感を克服しようとする。**

そんな時に「あの人はものすごい人だ、ただの人ではない」という決めつけが必要である。集団に、いわゆる教祖が生まれる時には、成員が心理的に自分を維持するためにその人が教祖になる必要性がある。

その人がものすごい人である必要性が自分の側にあるのである。相手を決めつける人は、相手を見ているのではない。相手がそのような人間であることを自分が心理的に必要としているということである。

「理想的」と決めつけられた方は、いい迷惑である。

ところが、この迷惑が心理的に病んでいる人にはなかなか理解できない。なぜなら、心理的に病んでいる人は「理想的」と誉められることが何よりも嬉しいからである。心理的に健康な人にとっては嬉しくも何ともないし、それよりも決めつけられる不愉快さの方がはるかに大きい。

＊１ Erich Fromm, The Heart of Man, Harper & Row, 1964. 鈴木重吉訳、『悪について』、紀伊國屋書店、１９６５、１３３頁
＊２ Aaron T. Beck, Depression, University of Pennsylvania Press, 1967, p.265.
＊３ David Seabury, How to Worry Successfully, Little, Brown, and Company, 1936. 加藤諦三訳、『心の悩みがとれる』、三笠書房、１９８３、１６９頁
＊４ Gordon W. Allport, The Nature of Prejudice, A Doubleday Anchor Book, 1958. 原谷達夫・野村昭 共訳、『偏見の心理』下巻、培風館、１９６１、１２４頁
＊５ 前掲書、１２４頁
＊６ 前掲書、22頁
＊７ Karen Horney, Neurosis and Human Growth, W. W. Norton & Company, 1950, p.292.

第6章　外化から抜け出し、健全な心を手に入れる方法

人間というものは複雑な生き物である。
多くの時間を何かのために煩わされながら、
一体何が自分を煩わせているのかを
知らないのである
——ゴードン・オールポート

なぜ現代人はこんなにもキレやすいのか

自分に怒りを感じている人は、外側の事象にイライラする。同じ事象でも、自分を受け入れている人はイライラしない。

イライラするという表現でも良いが、もっと簡単に言えば怒りっぽい人と、そうではない人とがいる。

怒りっぽい人というと、すぐに人のすることに腹を立てる人のことだと私たちは思っている。

現象を見るとその通りである。人のすることにいちいち腹を立てている人がいる。しかしそういう人は多くの場合、自分自身に怒っている人である。**他人のすることが気に入らないのではなく、自分が自分自身を気に入らない**のである。

そう考えると、自分に対して怒りを感じている人と一緒に暮らす人は大変である。一緒に暮らさないまでも、恋愛をしても大変である。恋人の方は、自分が原因ではないのに、いつも怒られるからである。

怒られた方は、相手が「何でそんなに怒っているか」が理解できない。しかし相手は、こちらのした「そのこと」に怒っているのではなく、「そのこと」を通して自分自身への怒りを感じているのである。

自分への怒りを他人にぶつけてしまう人たち

自分の自分自身への怒りの外化が、他人に対するイライラである。夫のすることが、「いちいち気に障る」と言う妻がいる。もちろん妻と夫を入れ替えても同じことである。それは妻が自分自身に対して怒っているのである。別に夫に怒っているわけではない。彼女は自分で自分自身への怒りをどうすることもできない。その自分自身への怒りを夫への怒りとして感じている。

それは一般的には、もっと広範なイライラになる。会社にいて部下や上司にイライラするばかりではない。通勤途中の電車の中でも隣に座った人にイライラする。駅員にもイライラする。駅員に対する暴力が時々話題になるが、そういう人たちは別に駅員に怒っているわけではない。自分自身に怒っているだけである。[*1]

ところが、その自分自身に対する怒りをどうすることもできない。会社でイライラして、通勤途中でイライラして、家に帰ってテレビを見ると、テレビの出演者にイライラする。一日中、心の休まる時間がない。それはまわりの人が原因ではないのだから、自分に対する怒りを自分が処理する以外にはどうすることもできない。

そのためには、やはり自己分析しかないであろう。「なぜ自分はこんなに自分に怒っているのだろう？」という自己分析をすることである。

小さい頃からの怒りの対象を冷静に考えていくしかない。自分が好きだと思っていた人が、「実は嫌いだった」などということに気がつくこともあるだろう。自分が**仲良くしていると思っていた仲間から、実は自分はいじめられていた、単にからかわれていた**に過ぎないと気がつくこともあるだろう。

「さびしい」という感覚は、他の感情を掻《か》き消すほど強力である。「嫌い」という感覚も消してしまう。

「何でそこまで自分は自分自身にイライラするのか？」「何で自分はそんなに自分自身に対して怒りを感じているのか？」という問いに向き合うことで、小さな頃の自分の「さびしさ」に気づき、それが自分の癒やしにつながっていくきっかけになるかもしれない。

ところが、その自分自身に対する怒りを
どうすることもできない。
会社でイライラして、通勤途中でイライラして、
家に帰ってテレビを見ると、
テレビの出演者にイライラする。

今の自分に満足できなくたっていい

自己憎悪の原因として、実際の自分が理想の自我像でないことが挙げられる。これにより、実際の自分に対する蔑視や怒りが生じる。つまり、その人の心の必要性そのものが異常であり、その必要性を満たすために理想の人間になろうとエネルギーを使い、自己実現にはエネルギーを使わなくなる。

実際の自分を向上させ、自己実現するためのエネルギーではなく、「理想の自分」を実現しようとするエネルギーを消費するのだ。

「理想の自分」と括弧《かっこ》をつけたのは、自己実現こそが本来の理想だからである。

しかし、自己実現よりも「理想の自分」を実現することの方を目的にしてしまった人は、結果的に挫折を運命づけられる。理想の自我像に執着することは、向上心が強いように思われがちだが、実際には心理的成長に失敗していることの表れである。

理想の自我像に執着する人は、ほとんど全員が権威主義者である。理想の自我像に執着することの裏返しは、劣った人への蔑視である。

大学に不合格になって人生が終わったというほど絶望する人は、合格した時には大学に落ちた人を軽蔑する。心理的に成長して理想を求める人は、ここに書かれているような心理的特徴を示さない。理想の自我像を追求することは恐ろしいことであり、心理的破滅へと向かう道である。心理的に強い人間は、決して理想の自我像に固執しない。

もう一つ、自己憎悪の原因は欲求不満である。非現実的に高い期待をかけるような家庭で育つということは、幼児的願望が満たされていないことを意味する。

つまり、基本的に愛情飢餓感が強く、その欲求不満が自己憎悪の根底にある。適性を探すということは、もし自分が愛情に満ちた母親の元で成長したら「自分は何をしていただろうか？」と考えることにほかならない。

相手の期待に応える生き方をするな

相手の期待に沿おうとして頑張ることが、いかに愚かかということである。

お互いに心理的に健康な人である場合には、「頑張ること」は意味があるだろうが、お互いに心理的に病んでいる場合には「相手の期待に沿う」ということは自殺行為である。

残念ながら現実の世界では、親が心理的に病んでいるのに、頑張っている子どもは多い。頑張って生きてみんな神経症になっていく。

親子の間に「保護と従順」の関係が成立している場合には、こうした恐ろしいことが起きている。もちろん保護といっても、「虚偽の保護」である。うつ病者を生み出す家庭がそうであろう。

うつ病者は、**自分が依存する人の力を極大化する**。ある女性は、うつ病でない時には、夫を軽蔑しているが、うつ病になると夫をスーパーマンのようにみなす。[*2]

うつ病者の認識の特徴である低い自己評価と、動機の特徴である増大する依存性は深く関係している。[*3]

そしてさらに、自己憎悪や自己不満を外化すると「○○さえなければ」という言い訳が始まるとカレン・ホルナイは言う。

「両親があの子との結婚に反対さえしなければ、僕は幸せになれたのに」とか、「あの妬み深い上司さえいなければ私はもっと働くのに」とか、「独占欲の強い妻さえいなければ私は幸せになれるのに」とか、「お金さえあれば自分で事業を始めるのに」とか、

「わがままな部下さえいなければもっと業績を上げられるのに」などが始まる。

この「○○さえなければ」も、自己憎悪の他の側面であると言う。[*4]

「あの上司さえいなければ」と思ってしまうということは、自分が望むように社会的に成功できていない、あるいは家庭が思い通りの温かいものになっていない。その現実を受け入れられないことが、自己受容できないということなのだ。

その現実をもたらした理由として「相手が悪い」と考えたくなる。そこで、「あいつさえいなければ」という結論に至る。そのため、自己憎悪している人は現状に不満を抱えていることが多い。**いわゆる不満分子と呼ばれる人々は、自己憎悪に悩んでいること**がよくある。

現状に不満を持ちながら自己憎悪していない人は、「さえなければ」と考える前に、自らを変える努力をしている場合が多い。

怒りを手放して、心のゆとりを得よう

怒りとは、結局「自己蔑視」と「自分に対する怒り」に起因するところが大きいので

はないか。「理想の自分」を内面化してしまった人と、内面化していない人の違いは大きい。「理想の自分」を内面化しなかった人は心のゆとりがあり、副交感神経が活発である。

自分が満足するためには、自分はみんなに尊敬されなければいけない。でも尊敬されていない。そこで「現実の自分」に対する怒りが常時ある。その常時ある自分に対する怒りが、何かの体験を通して間接的に表現されているのではないか。

もともとその人はイライラしている。第二に**外化は、他人の美点や欠点を認識する障害になる**[*5]。

内面化されてしまった「かくあるべき」自分への執着は、現実の自分に対する自分の憎しみである。どうしても「なりたい自分」がいる。しかし、現実にはそういう自分になれない。

そこで自己憎悪になる。その自己憎悪を外化する。そこで様々なトラブルが発生する。

「かくあるべき」自分に執着することは、人間関係に悪影響を及ぼす。

その一般的なものは、批判に対して超敏感になることだとカレン・ホルナイは言う。

自分が自分自身に批判的な時に、他人が自分に批判的と感じる。[*6]

神経症者は自己憎悪の結果、様々な心理的葛藤を抱えてしまう。悩み苦しむ。心の中で助けを求めて悲鳴を上げる。

誰かが自分を守ってくれることを願っている。彼は他人を必要としている。しかし、その他人は彼を憎んでいると、彼は錯覚している。

ところで、**良い人間関係をつくるためにはまず相手を理解しなければならない。**[*7]自分の感情を外化する人は、相手を理解できない。外化する人は相手を正しく理解する能力を完全に失っている。[*8]

理想の自分への執着も手放す

もちろん同じ人生でも、受容的雰囲気の家庭で育ち、帰属意識を持っている人の場合はまったく別の世界の人生になる。それは楽しい人生であり、価値ある人生である。

先に書いたような敵意に満ちた家庭の中で育つからこそ、孤立感を持った子どもは理想の自己イメージとして社会的大成功者を描く。そして、強迫的に名声追求をする。しかし現実には、学生時代も敗者、社会に出てからも敗者である。

だからこそ、小さい頃から理想の自己イメージに対する執着はものすごい。執着の強さは劣等感に正比例するからである。そこで「現実の自分」の人生を自分がとうてい受け入れられない。自己憎悪に陥らざるをえない。自己憎悪している人は「現実の自分」の人生を受け入れたら生きていけない。それを受け入れたら、自分は自分が育った家に受け入れられないと思うからである。

自己憎悪している人は、心理的には未だに家への依存から抜け出せていない。自己憎悪している人は、依存心が強いのは当然である。自己執着の強い親だからこそ、子どもは自己憎悪に陥る。自己栄光化するのも、自己執着の強い親の元では心理的成長は難しいからだ。

つまり、自己執着の強い親からの心理的自立は難しい。ところが、自己憎悪を抜け出すためには親からの自立が必要である。しかし、自己憎悪に陥るような人はそれができない。

この矛盾の中で**ボロボロの自分の人生を背負って生きる**にはどうしたらよいか。それは自己憎悪を外化するしかない。それが生きるためのおそらく唯一の道であろう。どれだけ自己栄光化に成功しても自己蔑視からはのがれられない。

多数の政治家について多くを知れば知るほど、例外なくアルコール依存症の複合力学(complex dynamics)に一層深い洞察を得る。ほとんど平凡な事柄になっているが、尊敬に対する法外な要求を持つと同時に、絶えず自我に対する低い評価をもつ人は、この酒という妙薬に一再ならず頼るという事実がある。[*9]

「飲酒に溺れて墓穴を掘った権力者の数は無数と言ってよい」とも述べられている。[*10]

理想の自分を追い求めすぎない

どうしても自分は「理想の自分」になれない。自分が認めてもらいたい人から認めてもらえるような人間になれない。

自分が認めてもらいたい人から認めてもらえるような人間、それが「理想の自分」である。どうしても自分は「理想の自分」になれない。「現実の自分」を嫌いになる。

わかりやすく言えば、**自分が自分を嫌いになる。**

その気持ちを外化する。すると、「自分が認めてもらいたい人」を嫌いになる。おそらく家族が嫌いな人の中には、そういう人がいるに違いない。

自分が認めてもらいたい人から認めてもらえるような人間になれない。その時に傷つく。その傷をどう癒やすか。今書いたように自分を嫌いになるし、人を嫌いになる。

他人は自分のことを批判しようとしている、自分のことを嫌いであるなどと思う。それはほとんどが間違った思い込みである。[*11]

そして、**自分が認めてもらいたい人とは違った種類の世界の人とつきあう**。そうすることで傷を癒やす。

つまり、とんでもない連中とつきあう。まともでない人とつきあう。よく社会的に立派な人の子どもが、ドラッグで逮捕されて社会的に話題になる。それはその子たちがそうしたまともではない人とつきあうことで自分の心を癒やしていたのではないか。

憎しみの感情をどう乗り超えるか

振られた女性が男性を憎む。この時に「あの人にふさわしい女性になろう」と思う女性もいる。その女性はその憎しみを乗り超えることができる。

またその男性を尊敬していない時には、「あんな人の言動で、心が動揺するような人間では駄目だ。あんな人が何を言おうと何をしようと、心が動揺しないような人間になろう。私はもっと良い人と出会える」と前向きな姿勢になるだろう。そういう女性は憎しみの感情を乗り超えることができ、そして幸せになることができる。

しかし、「あの男さえいなければ、私は幸せになったのに」と**自分の不幸の原因を「あの男」に求めて、その男を憎む女性は、幸せにはなれない**。憎しみの感情を乗り超えられない。

それはその男性を憎むことが生きることそのものになってしまうからである。その男性を憎むのを止めたら、自分が自分でなくなってしまう。だから憎むのを止められない。自分が不幸であることの原因をすべて「あの人」に求めて、その人を憎む。そういう人は、憎むことで心のバランスを保っている。

従って、その人を憎むことに執着する。その人を憎むことを止めたら、自己喪失に陥ってしまう。現実の自分は虚無である。だから憎しみの感情に執着するのである。

怒りの処置を誤るということは生き方を誤るということ

抑圧の強い人は、**相手の何気ない動作を、自分の無意識の願望にしたがって解釈する。**

何かの感情を抑圧している人は、こうしたら他人に気に入られるのではないかということについて誤解する。相手に「こうして欲しい」という気持ちを抑圧し、それを相手に投影する。相手が自分に望んでいることではなく、自分が相手に望んでいることを、相手が自分に望んでいることと解釈する。

相手に対する束縛の願望を抑圧して、相手は自分を束縛しようとしていると誤解する。自分は相手を束縛するような器量の小さい人間と思いたくない。

しかし実際は、普通の人より器量が小さい。そのような時に今述べたようなことが起きる。人はある感情を抑圧するとその感情に生き方、感じ方を支配されてしまう。

敵意を抑圧するとその敵意に人生を支配される。怒りの処置を誤るということは、生き方を誤るということでもある。

罪の意識なく罪を犯す。日本にはこのような毒親は多い。罪の意識なき罪人である。

「自分探し」とは、抑圧によって、投影によって、反動形成によって、外化によって、感情移入によって、**長いこと自分自身を偽って生きてきた人が、その偽りの生き方を認めること**である。真実から身を守るのが抑圧であった。真実に直面すれば自分が壊れてしまうからである。

ありのままが嫌ならば、死ぬしかない

現実を受け入れられないなら、死んだ方が良いのである。そのくらい現実を受け入れることは辛いことである。そこで、外化などの現実否認を続ける人が出てくる。現実否認であるが、外化という心理は現実と接していない。現実とcommitしていないからストレスが強い。現実に接してどうしたらいいかわからなくなる。引きこもりになることもある。

相手のためと思って必死で何かをする。感謝されるかと思ったら、責められる。誉められると思ってしたことが相手を怒らせる。やってもやっても、結果は期待を裏切ることばかりである。

やってもやっても、求めるものは手に入らない。「わーすごい、偉いわね、さすが」と誉められるかと期待したら、逆に**「ぐさっ」と胸に突き刺さるような言葉が返ってくる。**

それは相手と心が触れていないからである。相手とコミュニケーションができていないからである。相手の心がわからない。相手が何を望んでいるかがわからない。

理想と現実の乖離をなくせば不安も消える

心理的に不安になる原因は、些細な失敗や、人に何かを頼むこと、逆に誰かに何かを頼まれること、誰かが自分に注意をすることなど、生活の中で周囲の人との間に様々な出来事が起きるからである。

もし「理想の自分」と「実際の自分」に乖離がなければ、それを不愉快に感じることはない。

しかし、乖離があると、不愉快になる。その時の不愉快という反応は、その人の無意識によってもたらされた反応である。

自分が不愉快に感じるのは、何かを注意した人が自分を不愉快にさせたと思っているからであり、相手に怒りを感じる。

しかし、同じことが他の人同士の間で起こっても、不愉快な出来事ではない。自分を不愉快にさせた原因は相手ではなく、自分の無意識にある。これは「理想の自分」と「実際の自分」の乖離によるものである。

大切なのは、自分の自分に対する態度を変えることである。

まず、自分のイリュージョンを維持しようとすることを止めること。**自分が実際の自分より立派であるという「ふり」を止める**ことである。

自分が自分の理想のイメージに同一化することに成功すればするほど、無意識の領域でのリアクションは大きい。自己蔑視も、自分への怒りも、内的強制も強くなる。[*12] つまり、生きる能力を奪われる。

今書いたように、自己蔑視を外化すると、他人が自分を軽蔑していると思う。そしてそれを受け入れてしまう。自分が自分を軽蔑しているから、他人が自分を軽蔑することに違和感がない。どんな失礼なことをされても許してしまう。

まさに、他人に対して無防備になる。

外化を止めると見える世界

自分が変われば他人も変わる。**親が変われば子どもも変わる。**

外化を止めれば、他人はこちらを批判するために座っていない。こちらの欠点を見つけようと身構えていない。外化を止めれば他人が違って見える。

外化をする人が気がついていないのは、彼が他者に付与したものに、彼が反応しているに過ぎないということである。

彼の周囲の人が、彼を批判するべくそこにいるわけではない。彼を好きでも嫌いでもない。彼が周囲の人を勝手にそう決めただけである。

彼が決めて、彼がそれに反応している。彼が自分に対して怒っているのを、他人へのイライラとして感じているだけである。

「理想の自我像」は、実は「愛されるための自我像」である。

ノイローゼの人は、自己実現よりも理想の自我像の実現にエネルギーを注ぐようになると言われるが、これは愛されていないと感じる人の、自己実現よりも愛されたい、注目されたいという欲求から来るものだ。**愛情欲求が満たされていれば、理想の自我像の実現にエネルギーを注ぐことはなくなる。**

愛情欲求が満たされていれば、理想の自我像を追い求めるエネルギーは減少するが、愛情欲求が満たされていなければ、理想の自我像を実現しようとする力が強まる。

自己実現が可能になるためには、愛情欲求が満たされる必要がある。それで、理想の自我像の実現に対する過剰な執着を減らし、自己実現へとエネルギーを向けることができるのである。

自分にとって耐えがたい欠点が、他人を怒らせるのではないかと恐れている人がいる。自分には自分自身にとって耐えがたい欠点がある。その欠点について、他人が自分に怒っていると感じる。[*13] これが、外化という表現の主要な形である。

自分が自分自身の欠点に怒っているのに、「他人が自分の欠点を怒っている」と思う。だから他人を恐れる。それは、自分の弱点に対する自分の怒りである。そしてこの自分の弱点が「相手を怒らせないか？」と恐れるのである。

煩わしいものを片っ端から消そうとするのはキリがない

以前、暴走族が煩くて殺してしまうという事件があった。確かに暴走族は煩いであろう。誰だって腹が立つであろう。怒らない方がおかしい。

しかし、問題は**殺すまでいくかどうかである**。普通は警察に連絡をして取り締まって欲しいと思うであろう。殺してしまうというところまで来れば、やはり怒りの外化ということも考えられる。

また、自分の家の前の道路に車をよく駐車させておく人に腹を立てて、その人を殺してしまったというニュースをテレビでやっていた。家の前の道路に車を駐車されると困るのは誰でも同じである。

実は、私自身このことではいつも迷惑をかけられている。だからそんな時に腹が立つのはよくわかる。しかしだからと言って殺してしまうのはやはり自分に対する怒りを外化しているのであろう。

怒りの程度と怒りの原因とがバランスを失っている。そんなケースはたいてい怒りの外化である。**些細なことにものすごく怒る人**がいる。実際の自分に対する怒りが頂点に達しているのであろう。

ちょっとしたことですぐに冷静さを失う人がいる。そんな時には、人は怒りを外化しているのである。

他人の何気ないひとことは気にしなくていい

イライラが攻撃的外化だとすれば、増大する従順は受け身の外化である。自分自身に対する怒りの受け身的外化である。

他人の何気ない言葉を、「他人が自分に怒っているのではないか?」と感じてしまう。

相手が「え、それ食べるの?」と聞く。そういった何でもない言葉を聞いても、相手は自分が食べることに怒っていると解釈してしまう。

自分自身に対する怒りには、自覚しにくいが、色々なところで他人の言葉の解釈に影響している。相手は怒っていないのに、怒っていると解釈してしまう。[*14]

「自分は他人を怒らせるのではないか?」という恐れを持っている。他人が自分に怒っているると感じる。そしてその弱点を気にしていると、その他人の何気ない言葉を、自分の弱点と結びつけて解釈する。その後、相手は自分のその弱点を責めた、あるいはバカにした、と受け取る。

そして軽蔑されたことに対して、無意識の領域では怒りを感じているのだが、もちろんそれを表現することはしない。

それを表現したら、そこで喧嘩になり、お互いの誤解が解消するかもしれない。相手は決して軽蔑していないということがわかるかもしれない。しかし喧嘩にならないから、屈辱を感じたまま、怒りは無意識の領域で蓄積されていく。

相手は「こちら」の弱点に怒ってもいないし、軽蔑もしていない。相手はその弱点をそれほど問題にもしていない。あるいは軽くしか考えていない。**そもそも相手は完全を求めていない。**

私たちはなぜ「他者より優れている」と思いたいのか

自分が他人より優越している心理的必要性がある。なぜなら復讐心があるからである。

そこで劣っている者に対して軽蔑をする。他人が劣っている必要性がある。そこで他人に「劣っている特質を付与する」。

抑圧とは、自分の中にある感情を抑圧することである。「自分が劣っている」と、心の底のそのまた底では認めない。抑圧する。その結果、心に葛藤を持つ。その**心の葛藤を解決するために、他人の劣っている部分を見つけて非難する**。

「self-hate が外化される」とカレン・ホルナイは言う。自分が他人に優越することが必要である。そこで他人を軽蔑する。あいつは小物だ、迎合して偉くなった、下らないなどと、とにかく偉い人を批判する。軽蔑する。

偉い人を認めない。現実否認である。偉い人を偉い人と認めてしまえば、自分が軽蔑すべき人間になると思っている。

なぜか？　それは、敵意があるからである。

その人の心が周囲の世界と対立している。ことに身近にいる社会的に地位の高い人に対しては猛烈な敵意を抱く。そして、憎しみの対象にして攻撃する。

自分に対する欲求不満の置き換えでもある。自分への不満を、他人への不満に置き換える。自分への不満を「他人を通して」表現する。自分への不満を「他人を通して」感じる。自分が自分を憎んでいる。自分が自分を軽蔑している。自分が自分に不満である。

しかし、現実にはどうしようもない。自分を磨く姿勢はない。努力はしない。

深刻な自己蔑視に苦しんでいる人は、その深刻な自己蔑視の苦しみから逃れるために、他人が軽蔑すべき人間であることを必要とする。**苦しみから逃れるために自分が他人に優越する必要性がある。**

そこで外化が始まる。本質的に関係のない他人に突然因縁をつけて絡んで「許せない！」と言って憎む。他人を非難罵倒する。今の時代で言えば、ネットに事実無根の誹謗中傷を書き散らす。ことに自分より社会的に優越している人を軽蔑すべき人間であると思うことで、心の葛藤を解決しようとする。

こういう場合、自分が自分に不満であるという心の葛藤を解決する手段が外化である。自分への不満が激しい場合には、本質的に関係のない他人への復讐という形をとる。そういう他人に何らかの因縁をつけて絡んだりすることである。

心理的に強い人間は、
決して理想の自我像に固執しない

「干渉されている」という被害妄想

自分が理想の自我像に達していないと感じた時、人は他人と自分を比較する。その結果、優れた人に対して劣等感を抱くことになる。

オルポートは、自分の重苦しい不安の原因がわかっていない主婦の例を挙げている。そういう主婦が侵入者を恐れる。そこで、鍵を不必要なまでに二重三重にする。[*15]

理想の自分に執着しすぎると、強迫感を感じるようになる。勉強や仕事に集中できない時、「もっと集中しなければ、もっと集中しなければ」と焦る。仕事で成果が上がらないと、「もっと成果を上げなければ、もっと成果を上げなければ」と焦る。

焦ってもどうにもならないと頭ではわかっていても、気持ちが焦り、結局勉強や仕事が手につかなくなる。これが強迫感であり、この強迫感が不安や緊張を生む。

リラックスしようとしても、内的に強迫感に悩まされているため、どうしてもリラックスできない。強迫感がある限り、リラックスは不可能である。

他人の長所と短所を見極める力

他人の長所を認識できる人は、他人の邪悪な点も見逃さない。外化をする人は、他人の長所にも短所にも気がつかない。現実と接していないのだから当たり前かもしれないが、質の悪い人も、質の良い人も見分けられない。目の前の相手から、自分が舐められていることに気がつかない。[*16]

自分が自分自身と良い関係になれば、外側の環境が同じでも、その人はしばしば満足するとカレン・ホルナイは言う。[*17] 自分が自分自身と良い関係になるということは、自分が自分自身を受け入れているということである。**今の人間関係に自分が満足できないということと、今の自分に満足できないということは、多くの場合ほぼ同じことである。**

今の自分に満足している妻は、今の夫に満足していることが多い。今の自分に満足できない妻は、夫婦関係がうまくいっていないことが多い。そういう人たちが外化している。

自分を傷つけずに生きていく方法

投影も相手を非難するが、投影には自分の良心を癒やすという目的もある。投影とは自分の中の認めがたい抑圧した感情が、ある外的な対象に所属すると見なすことである。そして相手を非難する。

ある塾で、「まさか誰も落ちないでしょうね。この教室は全員合格するんだから」という講師からの言葉があった。とある男の子はこの発言に驚き、それがストレスの原因となり、この教室を辞めることを決意する。**自分のイメージを傷つけずに辞めていく方法を選ぶ。**

成長する子どもは、「今から自分の責任で階段を一つ一つ上っていく」と決心するものだ。他人による強制は威圧となり、プレッシャーを与えることになる。カレン・ホルナイが言う「the feeling of inner coercion」とは、誰かが強制するのではなく、その人自身が強制されているように感じることだ。

例えば、誰もがその人に「偉くなりなさい」と期待していなくても、その人は自分で偉くならなければならないという気持ちに駆り立てられる。それが内的強制であり、「べき」という暴君に心が支配される状態である。プレッシャーをかけることは、同時に服従を要求することにもつながる。

自身への怒りを意識できれば、体調不良は改善される

投影の防衛的意義は自分の良心をなだめることである。相手を憎んでいるのだが、相手が強すぎる時に「あの人から嫌われている」と言う。相手が自分を憎んでいると解釈する。[*18] 親に対する自分の憎しみを意識するのが怖くて、親から可愛がってもらえなかったと言う。

自分が心の底で求めているものを意識的に否定する。うつ病者の罪責感の中にも、抑圧したものの投影というものがある。

自分が相手を責めている。正義をふりかざして説教するが、隠された真の動機は憎しみである。自分の非は認めず、しつこく相手を責め苛む。

体がなんとなく不調だったりする。腸の疾患、あるいは頭痛がしたり、疲れやすかったりする。

カレン・ホルナイは、これらの症状は**自分自身に対する怒りを意識できると消える**と

いう。これは日常生活を考えてみればうなずける。嫌なことをしている時にはすぐに疲れる。

自分が変われば他人も変わる

嫌いなら離れれば良いのに、その人から離れられない。**自分の感情を他人を通して感じているから**、他人がいなくなると自分の存在がなくなる。

「自己犠牲的献身は、強度の依存性の表れ」というのはこのことである。自分の方が依存したい。その依存願望を他者へと外化する。

「自分がどうあるか」よりも「他人が自分をどう見るか」の方が重要になる。

「自分が幸せであるか」よりも「他人が自分を幸せと見るか」の方が重要になる。

「自分が自分自身に自信を持てるか」よりも「他人が自分を自信があると見るか」の方が重要になる。

そしてたとえ自分に自信がなくても、他人が「自分は自信を持っている」と思ってくれていれば安心する。

本当に友情を感じていなくても、他人が「あいつは友情に厚い人」と思ってくれれば良い。

人に誠実でありたいという願いを持っているのではなく、たとえ誠実でなくても、他人に「あいつは誠実な人だ」と思ってもらうことが重要になる。

繰り返しになるが、自分が変われば他人も変わる。親が変われば子どもも変わる。

それは、外化を止めれば、**他人は自分を批判しに来ているわけではないと理解すること**を意味する。他人は、こちらの欠点を見つけようと身構えているわけではない。外化を止めることで、他人が違って見えるようになるのだ。

＊1 Karen Horney, Our Inner Conflicts, W. W. Norton & Company, 1945, p.116.
＊2 Aaron T. Beck, Depression, University of Pennsylvania Press, 1967, p.265.
＊3 ibid., p.22.
＊4 Karen Horney, Neurosis and Human Growth, W. W. Norton & Company, 1950, p.145.
＊5 ibid., p.294.

＊6 Karen Horney, Our Inner Conflicts, W. W. Norton & Company, 1945, p.120.

＊7 Karen Horney, Neurosis and Human Growth, W. W. Norton & Company, 1950, p.308.

＊8 ibid., p.308.

＊9 Harold D. Lasswell, Power and Personality, W. W. Norton & Company, 1948. 永井陽之助訳、『権力と人間』、東京創元社、１９５４、１１４頁

＊10 前掲書、１１４頁

＊11 Karen Horney, Neurosis and Human Growth, W. W. Norton & Company, 1950, p.293.

＊12 Karen Horney, Our Inner Conflicts, W. W. Norton & Company, 1945, p.118.

＊13 ibid., p.120.

＊14 ibid., p.121.

＊15 Gordon W. Allport, The Nature of Prejudice, A Doubleday Anchor Book, 1958. 原谷達夫・野村昭 共訳、『偏見の心理』下巻、培風館、１９６１、１２９頁

＊16 Karen Horney, Neurosis and Human Growth, W. W. Norton & Company, 1950, p.41.

＊17 ibid., p.145.

＊18 杉田峰康、『こじれる人間関係』、創元社、１９８３、２９８頁

人間は誰でも自分が悪いとは思いたくない。それにもかかわらず、人生は人間関係のトラブルの山である。

「相手が悪い」と思ってトラブルがすんなりと解決できれば、それに越したことはない。しかし逆に、「私は悪くない」という強い自己主張があるがゆえに、そういった人は人生のトラブルを深刻にしてしまう。

残念ながら、**正義を盾に憎しみの感情を晴らしている**時に、それを指摘されて、認める人は少ない。私の経験では、それを指摘されると怒る人が非常に多い。怒りの結果、際限もなく間違った道に入り込む。こうして人生を悩み多いものにしてしまう。まさに、ドツボにハマってしまうのである。

自分の中の認めがたい感情を抑圧して、ある外的な対象に属すると見なすことが「投影」だと、本書の中でも紹介した。

よく、社会的な成功者をけなして得意になっている人がいる。とある社長のことを「たいしたことねーよ」と言って得意になる。

つまり、このような「たいしたことねーよ」と相手を非難する人は、心の底では自分は自分自身の望むほど、優れてはいないと知っている。しかし、それを認めることができない。

まさに、自分が「たいしたことない」と心の底の底で知っているのに、そのことを認めることが、自分の神経症的自尊心にとって耐えがたいのである。

その心の葛藤を解決するために、他人を非難してしまう。悲しいかな、自分が劣っていると心の底の底で感じながら、そのことを認められない人ほど、「あいつは頭が悪いよ、わっふぁーふぁー」と他人を声高に嘲笑する。

「金への執着」や「臆病」についても同じことである。

実際の自分がケチであるのに、ケチである自分を自分自身が認められない人ほど、**他人のケチを見つけてきては激しくケチと非難**する。

あいつはお金ばかり欲しがっていると他人を非難する人がいる。その人自身が「お金が欲しい」という気持ちを抑圧し、投影している。

臆病である自分を認められない人ほど、他人の臆病を見つけてきては激しく臆病と非難する。

抑圧は投影されるという。もう一度言う。投影とは、自分の中の認めがたい抑圧した感情が、ある外的な対象に所属すると見なすことである。否定の哲学はたいていこれに帰着する。

投影して相手を非難する。しかし、相手を非難することそのものが目的ではない。投影は自分自身の良心を守ることが目的である。相手を非難することで、自分の心の葛藤を解決しようとしている。

家庭、職場、社会における人間関係をこじらせることなく、**他責でなく自責の視点を持ちながら生きる**——つまるところ、自分の心の動きを外界のせいにせずに生きていけたらいいものである。

著者略歴

加藤諦三《かとうたいぞう》

一九三八年、東京都生まれ。
東京大学教養学部教養学科を経て、同大学院社会学研究科修了。
元ハーヴァード大学ライシャワー研究所客員研究員。
早稲田大学名誉教授。
ニッポン放送「テレフォン人生相談」のパーソナリティを
半世紀以上にわたり務めている。
『「人生、こんなはずじゃなかった」の嘆き』
『他人と比較しないだけで幸せになれる』『人生の勝者は捨てている』
(すべて幻冬舎新書)のほか、著書多数。

幻冬舎新書 763

人はどこで人生を間違えるのか

二〇二五年四月二十五日 第一刷発行

著者 加藤諦三

発行人 見城 徹

編集人 小木田順子

編集者 大澤桃乃 福島広司

発行所 株式会社 幻冬舎

〒一五一-〇〇五一 東京都渋谷区千駄ヶ谷四-九-七

電話 〇三-五四一一-六二一一(編集)

〇三-五四一一-六二二二(営業)

公式HP https://www.gentosha.co.jp/

ブックデザイン 鈴木成一デザイン室

印刷・製本所 株式会社 光邦

Printed in Japan ISBN978-4-344-98766-1 C0295

か-33-4

*この本に関するご意見・ご感想は、左記アンケートフォームからお寄せください。

https://www.gentosha.co.jp/e/

幻冬舎新書

加藤諦三
「人生、こんなはずじゃなかった」の嘆き

最後に「我が人生に悔いなし」と言えるかどうかは、どれだけの社会的成功を手にしたかで決まるのではない。人生の見方を変え、老いを輝かせて幸福を引き寄せる、高齢者とその家族必読の書。

加藤諦三
他人と比較しないだけで幸せになれる
定年後をどう生きるか

定年後が不安な人は多いが、実は他人との競争や自己否定から解放される好機だ。自分や他人を認めて人間的に成長することが幸せの第一歩となる。高齢期を実り豊かな時代としたい人の必読書。

加藤諦三
人生の勝者は捨てている

健康で幸せに生きる唯一の方法は「捨てる」こと。人生の真の勝者とは、世間体や嫌いな人とのかかわりを捨てられた人だ。笑顔と自信に満ちた人生を送るための、心の整理法を紹介する一冊。

三宅香帆
ずっと幸せなら本なんて読まなかった
人生の悩み・苦しみに効く名作33

「仕事に行きたくない」「孤独を感じる」などの症状別に、古今の名作の中から、33作をセレクト。あなたの人生に寄り添ってくれる本や言葉がきっと見つかる！　心が整う、読書指南書。

幻冬舎新書

近藤勝重
人間通の名言
唸る、励まされる、涙する

人間関係や人生の意味に悩んだとき、先人は何を思い、どう乗り越えてきたのか。鋭くも優しい人間観察と溢れるユーモアで多くの人々に愛された著者が、古今東西の名言名句を厳選して解説。

山口仲美
千年たっても変わらない人間の本質
日本古典に学ぶ知恵と勇気

実は性格が悪かった『竹取物語』のかぐや姫、華やかな女性遍歴ののち、人間の業に苦しみ、中年男性として成熟していく光源氏ほか。平安時代の文学作品は、現代の私たちに役立つ知恵と勇気の宝庫だ！

和田秀樹
女80歳の壁

「夫の世話・介護の負荷」「家族を亡くしたさみしさでうつになる」等、「女80歳の壁」は厚い障害だ。その壁を超える最強の方法と高齢期を楽しむための生活習慣を解説したシニア女性必読の書。

坂東眞理子
人は本に育てられる

幼少期はとにかく手に汗握る面白い本を、大量に読むのが良い。社会人は通勤時間こそが唯一の読書時間と心得よ。77歳、活力の源は「読書」にあり。本が一生の友になる、実践的読書論。

幻冬舎新書

和田秀樹
うつの壁

うつは今や国民病。再発しやすく、自死につながる危険な病気で誰もがなりうる。早期発見が何より大切で、本人も家族もうつかなと思ったらすぐに休む・休ませるべきだ。最新予防法・治療法も開陳。

片岡鶴太郎
老いては「好き」にしたがえ！

役者以外に、絵画、ヨガの世界でも活躍する著者は、還暦を機に離婚。現在は自分のやりたい好きなことだけに情熱を注ぎ、日々を愉しむ。「老い楽」を目指す人必見の人生後半からの生き方本。

出口治明
逆境を生き抜くための教養

脳出血で失語症・右半身まひという後遺症を抱えた著者。復帰の支えとなったのは読書で得てきた「知の力」だった。「知は力なり」を身をもって体験した著者に学ぶ、逆境で役立つ知識・物事の考え方。

近藤勝重
60歳からの文章入門
書くことで人生は変えられる

「思うこと」ではなく「思い出すこと」を書く、「私」「だから」「しかし」を削るなど、文章力アップのコツを伝授。日記、エッセイ、物語……書き続けることが、あなたの生きた証になる！

幻冬舎新書

平井正修
悩むことは生きること
大人のための仏教塾

生死の不安や、抗えない悪感情など、誰もが抱く難解な悩みや疑問に、2500年も前から向き合ってきた仏教。釈迦の教えを日々実践している禅僧が、シンプルだが本質的な95の疑問に答える。

外山滋比古
90歳の人間力

高齢者ともなれば、どんな人間にも後悔、失敗、恥がある。さまざまなキズを糧にして、歳をとるほど明るく幸せになる生き方とは？　『思考の整理学』の著者による、人間力を養う34のヒント。

綾小路きみまろ
人生は70代で決まる

中高年の老いをネタに毒を吐いてきた漫談家も70代に突入。長年、中高年を見続けてきた経験から「人生は70代で決まる」と断言。その根拠は何なのか？　笑いの中に「老い」の知恵をちりばめた抱腹絶倒の一冊。

阿刀田高
老いてこそユーモア

ユーモアは、人生を豊かにしてくれる。知的な言葉から生まれるものなので、年齢を重ねたほうが扱いやすい。九百編以上の短編作品を生み出してきた著者が、ユーモアの本質とその身につけ方を考察。